하나님의 일곱 가지 질문

당신이 하나님을 더 깊이 알아 가고 더 널리 알리는 사람이 되는 것, 이 책에 담긴 예수전도단의 마음입니다. 말씀을 통해 저자가 깨닫고, 원고를 통해 저희가 누릴 수 있었던 그 감동이 책을 통해 당신에게도 전해지기 원합니다. 그리고 당신을 통해 그 기쁨과 은혜가 더 많은 이에게 계속해서 흘러가기를 기도하겠습니다. 이 책을 통해 당신이 받은 은혜를 다른 분들에게도 나눠 주십시오. 사랑하고 축복합니다.

ⓒ 최형섭 2012

본 저작물의 한국어판 저작권은 도서출판 예수전도단에 있습니다.
저작권법에 의해 보호받는 저작물이므로 무단 전재와 복제를 금합니다.

하나님의 일곱 가지 질문

개인과 공동체의 회복을 위한
하나님의 초대

최형섭 지음

예수전도단

Contents

들어가는 글 6

1. 첫 번째 질문 "네가 어디 있느냐?"   13
— 하나님과 나 사이의 거리

2. 두 번째 질문 "네 형제는 어디 있느냐?"   39
— 서로 사랑하라는 말씀의 참 의미

3. 세 번째 질문 "네가 어디서 왔으며 어디로 가느냐?"   79
— 부르심을 따라 산다는 것

4. 네 번째 질문 "네 손에 있는 것이 무엇이냐?"   111
— 내가 하나님을 섬기는 진짜 이유

5. 다섯 번째 질문 "네가 무엇을 보느냐?" 145
— 보이지 않는 것을 보는 삶

6. 여섯 번째 질문 "너희는 나를 누구라 하느냐?" 183
— 주님을 인격적으로 만난다는 것

7. 일곱 번째 질문 "네가 나를 사랑하느냐?" 215
— 사랑, 하나님이 내게 원하시는 단 한 가지

나오는 글 236

주 243

들어가는 글

많은 사람이 인생의 어려운 때를 지나거나 전환점을 맞이할 때면, 하나님께 다음과 같은 질문을 던진다. '제게 왜 이런 일이 일어난 것입니까?', '어떻게 해야 이 어려움을 헤쳐 나갈 수 있습니까?', '여기서 저는 어떤 선택을 해야 합니까?'

    물론 이러한 질문들은 중요하다. 하지만 우리는 어려운 환경이나 당장 밀어닥쳐 오는 급한 상황들에 눈이 가려져, 하나님의 더 큰 계획과 더 깊은 뜻을 보지 못할 때가 많다. 이런 때, 주님의 임재 앞으로 나아가 그분이 먼저 말씀하시기를 기다리고, 우리를 향한 그분의 더 근본적인 질문들에 귀 기울일 수 있다면 얼마나 유익하겠는가? 만일 우리가 우리에게 일어나는 모든 일이 주님의 손안에 있으며, 그분은 우리의 모든 필요를 잘 알고 계시고, 또 그 일들은 우리를 더욱 풍성한 삶으로 부르시는 그분의 초대임을 믿는다면, 마땅히 우리는 어려울 때 그분 앞에 나아가 먼저 그분이 뭐라고 말씀하시는지를 들어야 하지 않겠는가? 그뿐만 아니라, 우리가 인생의 어려운 때나 전환점인 시기는 물론 항상 주님의 임재 가운데 거하면서 그분이 우리에게 하시는 말씀을 들을 수 있다면, 우리의 삶은 얼마나 풍성해질 것인가?

동방의 의인으로 불렸던 욥은 모든 재산과 일꾼, 자녀들을 잃고 전신에 악창이 돋으며 죽고 싶어도 죽지 못하는 재앙들이 엎친 데 덮친 격으로 닥쳐왔을 때, 자신이 세상에 태어난 것을 저주하며 하나님께 이렇게 여쭈었다. "어찌하여 제게 이런 시련을 내리십니까? 주님께서 제 어릴 때의 죄악을 찾으시는 것입니까? 제가 주님의 뜻을 따라 살았음을 알지 않으십니까?" 그러나 하나님은 고난 속에서 부르짖는 욥의 질문들에 대답하지 않으셨다.

하나님이 왜 이런 고난을 주시는지에 대한 욥의 친구들의 의견과 욥의 대답, 욥의 기도가 모두 끝난 후에야, 하나님은 폭풍 가운데에서 욥에게 이렇게 대답하셨다. "무지하고 헛된 말로 나의 뜻을 가리는 자가 누구냐? 이제는 내가 네게 물을 터이니 알거든 대답해 보라." 그러고 나서 욥에게 질문하기 시작하셨다. "내가 땅의 기초를 놓을 때에 네가 어디에 있었느냐? 누가 이 땅을 설계했으며 누가 줄을 치고 금을 그었느냐? 누가 하늘의 운행 법칙을 짓고 땅의 자연법칙을 만들었느냐?" 계속해서 이어지는 하나님의 수많은 질문 앞에 욥은 한마디도 대답하지 못했으며, 마지막으로 이렇게 고백했다. "무지하고 헛된 말로 주님의 뜻을 가린 자는 바로 저였습니다. 저는 제 머리로 헤아릴 수 없는 신비한 일들을 알지도 못하면서 말했습니다. 지금까지 저는 주님이 어떤 분이신지를 소문으로만 들었는데, 이제는 이 눈으로 당신을 뵈었습니다." 그 후에 하나님은 욥의 건강과 삶을 다시 회복시켜 주셨다.

하나님의 생각은 우리의 생각과 다르며, 하나님의 길은 우리의 길과 다르다. 하늘이 땅보다 높은 것처럼, 하나님의 길은 우리의 길보다 높으며 하나님의 생각은 우리의 생각보다 높다(사 55:8-9). 욥의 질문들은 자기의 상황에 대한 질문들이었으나, 하나님의 질문들은 훨씬 더 근본적인 질문들이었다. 하나님의 질문들은 세상, 우리의 삶, 그리고 우리 인생이 겪는 상황을 바라보는 눈을 나 중심에서 하나님 중심으로 바꾸어 놓는다. 인생의 어려운 시간을 지날 때나 이해하지 못하는 상황을 만날 때뿐만 아니라, 신앙의 갈등과 의문과 문제 가운데 우리에게 질문을 던지시는 하나님 앞에 올바르게 반응할 수 있다면 얼마나 큰 축복이 될 것인가?

나도 하나님께 묻고 싶은 질문들이 많다. 하나님은 내게 많은 약속을 주셨다. 그분의 말씀을 따라 의의 길로 순종하며 걸어가면 이루어 주겠노라 분명하게 말씀하신 약속들이었다. 하지만 말씀에 의지하여 대가를 지불하여 어려운 걸음을 힘들게 내디뎠음에도, 결국 불의의 길이 형통해 보이고 하나님이 주신 약속은 영영 깨져 버린 듯 보이는 시간이 있었다. 그럼에도 나는 내가 갖고 있던 질문들을 주님 앞에 내려놓았다. 그리고 다시 한 번 주님이 내게 물으시길 기다렸다.

들어가는 글

우리에게 던져 주시는 주님의 질문들을 들을 수 있을 때, 그리고 그분의 질문에 올바르게 응답할 수 있을 때, 그럴 때 우리는 인간의 이성과 한계 상황을 넘어, 하나님을 눈으로 뵈었던 욥의 신앙에 이를 수 있을 것이다.

이 책을 통해 여러분과 나누고 싶은 '하나님의 일곱 가지 질문'은, 지금까지 그리스도인으로 살아오는 동안 하나님이 내 삶의 여러 가지 상황 가운데 찾아와 던지신 질문들이다. 이것들은 모두 내게 귀한 질문들이다. 주님을 향한 초점을 놓칠 때마다 이 질문들은 다시 한 번 나를 주님의 임재 앞으로, 그분의 지혜 가운데로, 그분의 사랑의 날개 안으로 불러 주고 초대해 주었다. 그래서 나는 항상 이 질문들을 새로이 되새기게 된다. 나는 이 질문들은 우리 인생이 끝나는 날까지 하나님이 끊임없이 물으시고, 또 우리가 실제적인 삶을 통하여 대답해 나가야 할 질문들이라고 생각한다.

그렇다면 어떻게 해야 우리를 향해 하나님이 던지시는 질문들에 응답할 수 있을까? 말로만 하는 응답이 아닌 우리의 삶을 통해 하는 응답 말이다. 어떻게 해야 그분 앞에 더 가까이 나아가고 더 올바르게 살아갈 수 있을까? 그 답은 하나님의 임재하심 안에서 찾을 수 있다. 나는 하나님의 임재하심과 그 임재하심이 가져오는 축복으로 여러분을 초대하길 원한다.

이 책에서 나누려는 일곱 가지 질문은 성경에서 선정한 것들이다. 물론 성경에는 다른 수많은 질문도 기록되어 있지만, 이 책에서는 나의 삶에 가장 깊이, 그리고 가장 크게 다가온 질문들을 다루고자 한다. 이 질문들은 하나님이 우리 모든 인생에게도 묻고 계시는 질문이 아닐까 생각한다.

하나님이 우리 인생에게 가장 처음으로 던지신 질문은 이것이었다. "아담아, 네가 어디 있느냐?" 하나님은 또 자신의 형제를 죽인 가인에게 이렇게 물으셨다. "가인아, 네 형제(아벨)는 어디 있느냐?" 그리고 사래의 학대를 못 이겨 임산부의 몸으로 갈 곳도 없이 주인의 집을 뛰쳐나온 하갈에게는 이렇게 물으셨다. "사래의 여종 하갈아, 네가 어디서 왔으며 어디로 가느냐?" 하나님은 미디안 광야에서 양을 치던 모세를 부를 때는 불꽃 가운데서 이렇게 물으셨다. "네 손에 있는 것이 무엇이냐?" 어린 예레미야를 선지자로 부르실 때는 그에게 환상을 보여 주며 이렇게 물으셨다. "네가 무엇을 보느냐?"

사역을 시작하실 때 예수님은 자신을 따르는 제자들에게 이렇게 물으셨다. "너희는 나를 누구라 하느냐?" 그리고 부활하신 후에 갈릴리 바다에 나타나 베드로를 다시 부르실 때는 이렇게 물으셨다. "네가 나를 사랑하느냐?"

이 일곱 가지 질문은 우리 인생들의 삶을 바꾸기 원하시는 하나님의 부르심이자 초대다. 그리고 우리가 하나님의 이 질문들에 어떻게 대답하느냐가 우리의 삶을 결정한다. 나는 오늘도 주님이 우리에게 이 질문들을 하고 계신다고 믿는다. 주님이 우리에게 이런 질문을 해 오실 때 우리는 어떻게 대답해야 할까? 하나님은 이 질문들을 통해 무엇을 이루기 원하시는가? 이제 이 질문들이 우리 마음의 가장 깊은 곳까지 만지시도록, 하나님께 나아가자.

이 책을 쓰도록 격려해 주신 도서출판 예수전도단의 이창기 목사님께 감사를 드리고, 더 좋은 책이 되도록 원고 정리와 편집에 도움을 주신 홍지욱 형제님과 최상이 자매님, 조희원 자매님에게도 감사를 드린다. 항상 내가 주님의 뜻 가운데 살아가도록 기도하시는 부모님과 형제들, 그리고 우리 교회의 리사 목사님께도 감사를 드리며, 내가 힘든 나날을 보내던 시기에 매일 나를 위해 기도해 준 신실한 성가대 지휘자 버지니아에게 감사를 드린다. 누구보다도 특별히, 30년이 넘게 믿음의 길을 나와 함께 걸어온 아내에게 사랑과 감사를 전한다.

여호와 하나님이 아담을 부르시며 그에게 이르시되
네가 어디 있느냐 (창 3:9).

1. 첫 번째 질문
"네가 어디 있느냐?"
하나님과 나 사이의 거리

하나님이 인생에게 제일 먼저 던지셨던 질문은 무엇인가? 아담과 하와는 에덴동산에서 하나님이 금지하신, 선악을 알게 하는 나무의 열매를 따 먹는 잘못된 선택을 했다. 그리고 곧 눈이 밝아져 자신들이 알몸인 것을 알게 되자, 무화과나무 잎을 엮어 앞을 가렸다. 그러다가 날이 서늘해 갈 때에 동산에서 거니시는 하나님의 소리를 듣게 되었고, 두려워하며 나무 사이에 숨었다. 그때 하나님은 아담을 부르며 이렇게 물으셨다. **"아담아, 네가 어디 있느냐?"**

하나님은 왜 아담에게 이렇게 질문하셨을까? 아담이 나무 사이에 숨었음을 전혀 모르셔서 그러신 것일까? 아니다. 그분이 알지 못하시는 것이 어디 있겠는가? 이 질문을 하실 때 하나님은 그가 어느 나무에 숨어 있을 뿐만 아니라, 왜 숨었는지도 알고 계셨다. 그렇다면 하나님은 무엇 때문에 아담의 이름을 부르며 이렇게 질문하신 것일까?

먼저 하나님이 왜 우리 인생들에게 질문을 하시는 것인지 생각해 보자. 질문이라는 것은 그것을 듣는 이들로 하여금 상황을 생각하게 하는 것이며, 그의 응답을 이끌어 내기 위한 것이다. 그렇기에 하나님이 우리에게 무언가를 물으시는 이유는, 우리로 하여금 자신의 삶을 돌이켜 볼 수 있도록 초대하기 위한 것이다. 우리의 삶이 잘못되었을 때, 우리의 삶에 필요한 것이 있을 때, 우리가 깨달아야 할 것이 있을 때, 하나님은 우리에게 질문하심으로써 우리를 돌이키시고, 올바른 자리로 인도하시며, 우리에게 필요한 것을 가르쳐 주기 원하신다.

그렇기에 여기서 **네가 어디 있느냐?** 라는 질문은 아담의 몸이 어디 있는지를 묻는 것이 아니라, 아담이 '하나님과의 관계' 가운데에서 어디에 있느냐는 물음이다. 하나님이 아담에게 이 질문을 하실 때 아담은 무엇을 하고 있었는가? 그는 자기의 죄를 가리기 위해 하나님을 피하고 있었다. 하나님과 함께 거닐고 이야기하고 교제할 저녁 시간이 되었을 때 그는 오히려 하나님을 멀리하고 있었다.

사실 우리가 하나님께 숨길 수 있는 것은 아무것도 없다. 그러나 우리는 종종 그분 앞에 떳떳하게 서지 못한다. 그분은 언제나 우리와 친밀하게 교제하며 동행하기 원하신다. 우리가 하나님을 피할 때 우리는 진정한 우리 자신의 모습을 피하는 것이다. 하나님으로부터 무엇을 가

1. 첫 번째 질문: "네가 어디 있느냐?"

릴 때 우리는 우리 자신으로부터도 무언가를 가리고 있는 셈이다.

"네가 어디 있느냐?"라는 질문은 우리가 우리 자신을 바로 보게 하기 위한 하나님의 초대다. "너는 지금 나와의 관계에서 어디에 있느냐?" 하나님이 인생에게 던지시는 첫 질문은 바로 그분과 우리와의 관계에 관한 질문이다. 우리는 우리 이름을 부르며 지금도 이렇게 묻고 계시는 주님의 음성을 들어야 한다. "OO야, 네가 어디 있느냐?"

성경에는 아담이 왜 하나님이 금지하신 선악과를 먹었는지는 분명하게 나오지 않고, 단지 "자기와 함께 있는 남편에게도 주매 그도 먹은지라"(창 3:6)고만 간단히 기록되어 있다. 하와는 뱀의 유혹에 넘어가 그 열매가 "먹음직도 하고, 보암직도 하고, 지혜롭게 할 만큼 탐스럽기도 하여"(창 3:6) 먹었다고 기록되어 있는 반면, 아담에 관한 기록은 매우 간략하다. 그의 가장 사랑하는 '뼈 중의 뼈요 살 중의 살'인 하와가 그 열매를 주어서 그도 함께 하나님의 말씀을 어긴 것이다. 그러고 나서 그들은 자기들이 벗었음을 깨닫게 되었고, 그 이후로 자신을 있는 그대로 대하지 못하고 나뭇잎을 엮어 앞을 가렸다. 또한 하나님을 만나야 할 시간에 하나님을 똑바로 대할 수 없었다.

계산해야 할 시간이 온다

우리의 삶 가운데 때로는 신 나는 파티를 할 때가 있다. 졸업, 생일, 창업, 수상 등 기쁜 일을 맞았을 때다. 그러나 파티가 끝나고 나면 그 비용을 계산해야 할 때가 찾아온다. 성경은 아담과 하와가 날이 서늘할 때에 동산을 거니시는 하나님의 음성을 듣고 나무 사이에 숨었다고 기록한다. 여기서 날이 서늘할 때는 언제인가? 바로 하루 동안 한 일을 계산하는 때다.

하나님은 아담과 함께 동산을 거닐고 싶으셨다. 그날 그에게 맡기셨던 일들에 관해 이야기하고 교제하며, 앞으로의 일들도 함께 나누고 싶으셨다. 그런데 아담이 숨어 버렸다. 하나님에 대한 신뢰를 저버리고 그분이 금지하신 일을 한 후 아담은 자신이 벌거벗은 것에 대한 부끄러움을 느끼게 되었다. 아담은 자신이 저지른 일이 엄청난 일임을 깨달았다. 만약 내가 아담이었다고 해도 그 상황에서 숨을 수밖에 없었을 것이다. 하나님이 "이것을 먹는 날에는 네가 정녕 죽으리라" 하고 말씀하셨는데, 어찌 그 앞에 당당히 나갈 수 있겠는가?

하나님이 아담에게 네가 어디 있느냐고 물으신 이유는 무엇일까? 혹 우리를 정죄하기 위해서였을까? "너는 내가 금한 것을 먹었으니 오늘이 네 제삿날인 줄 알아라"고 말씀하려고 질문하신 것일까? 나는 그렇게 생각하지 않는다. 나는 하나님이 아담에게 다시 한 번 회복할 기회를 주기 위해 이렇게 질문하신 것이 아닐까 생각한다. 하나님의 성품은 사랑이다. 그 보좌의 기초는 진리와 공의이지만, 언제나 긍휼과 용서가 그보다 앞서 일어난다.

요나서를 보자. 니느웨의 악이 하늘에 달하자 하나님은 요나에게 이렇게 지시하셨다. "너는 니느웨로 가서 하나님의 심판을 선포하라. 그곳에 가서, 40일이 지나면 그 성이 멸망할 것이라고 공포하라." 하나님은 분명히 이렇게 말씀하셨다. 요나가 잘못 들은 것이 아니었다. 그런데 놀랍게도 이 말씀만으로 도시 전체가 하나님께 참되게 회개하는 일이 벌어졌다. 그러자 하나님은 기꺼이 그 뜻을 돌이키셨다. 말씀하신 재앙을 내리지 않고 그 성을 용서하신 것이다. 하나님이 원하시는 것은 우리를 처벌하는 것이 아니다. 우리가 그분과의 관계를 회복하는 것이다. 하나님께는 죄와 공의의 원리보다 더 깊고 중요한, 사랑과 용서라는 원리가 있는 것이다.

"네가 어디 있느냐?"라는 하나님의 질문에 아담은 "제가 벗었으므로 두려워하여 숨었나이다"라고 대답했다. 그러자 하나님이 말씀하셨다. "누가 너의 벗었음을 네게 알렸느냐? 내가 네게 먹지 말라 명한 그 나무 열매를 네가 먹었느냐?" 이에 아담은 이렇게 대답했다. "하나님이 주셔서 저와 함께 있게 하신 여자 그가 그 나무 열매를 제게 주므로 제가 먹었나이다." 아담은 깨어진 하나님과의 관계에 대한 책임을 다른 이에게 돌리고 있었다. 즉, 이 모든 일은 전적으로 아내의 책임이며, 결국 나에게 그 아내를 주신 하나님의 책임이라는 것이었다.

아담이 이와 다르게 대답할 수도 있지 않았을까? 하나님의 질문에 정직하게 대답할 수 있었더라면 얼마나 좋았을까? 아담은 왜 하나님이 주신 회개의 기회를 놓쳐 버렸을까? "하나님, 잘못했습니다. 용서해 주십시오. 제가 하나님이 명령하신 것을 올바로 지키지 못했습니다. 제 아내가 선악과를 권했을 때 하나님의 명령을 지켜야 한다고 말했어야 하는데, 그렇게 하지 못했습니다. 주님, 저와 제 아내가 하나님을 신뢰하지 못했습니다. 주님, 다시 회복할 길이 없겠습니까?"

만약 아담이 그렇게 진심으로 대답했더라면, 하나님이 그가 다시 회복할 길을 열어 주지 않으셨을까? 우리 하나님은 죄를 사해 주는 것과 용서해 주는 것을 기뻐하시는 하나님이 아닌가? 우리가 진토임을 기억하시고 우리를 긍휼히 여기시는 분이 아닌가? 그분은 세상을 만들기 전에 이미 우리가 잘못된 선택을 하실 것을 알고 계셨지만, 그래도 우리를 용서하기로 결정하여 창세 전에 세상 죄를 지고 가실 어린양을 준비하셨다.

하나님은 지금도 우리 각자에게 이 질문을 계속하고 계신다. 우리의 삶이 하나님의 길에서 떠나고 우리의 마음이 하나님으로부터 떠나갈 때마다 우리에게 이렇게 물으신다. "OO야, 네가 어디 있느냐?" 이 질문은 무엇인가? 그분께로 다시 돌아오라는 초대가 아닌가? 하나님은 우리와의 관계를 회복하기 원하시는 것이다.

너희의 사는 날짜를 세어 보아라

하나님은 생명이시다. 그러므로 하나님과의 관계에서 떠나간 것들은 모두 생명이 없는 죽은 것들이다. 선악을 알게 하는 나무의 실과를 따

---

1. 첫 번째 질문: "네가 어디 있느냐?"

먹은 뒤 그분과의 관계로부터 떠나간 아담과 하와는, 그날 참 생명을 잃었다. 살고는 있으나 죽어 있는 상태인 것이다. 우리도 그런 삶을 살고 있지는 않은가? 날이 서늘할 때에 지나온 삶을 계산해야 했던 아담처럼, 누구에게나 자신의 삶을 결산해야 할 때가 온다. 회계 장부를 정리하는 것처럼 모든 것을 계산해야 할 때가 오는 것이다. 그리고 그때 우리는 우리의 장부를 조작할 수 없다. 왜냐하면 그 장부를 계산하는 분은 우리가 아닌 바로 하나님이시기 때문이다.

마흔이 되었을 무렵, 갑자기 시간이 점점 빨리 지나가는 것처럼 느껴지기 시작했다. 사람은 나이를 먹을수록 시간이 빨리 지나간다고 느낀다. 이는 심리학자들에게는 널리 알려진 사실이다. 어렸을 때나 이삼십 대까지는 대개 죽음을 많이 생각하지 않는다. 그러나 나이가 들수록 세월이 빨리 지나가는 것을 느끼고, 우리 인생의 날이 얼마나 짧은지 느끼게 된다.

나는 한번은 연세가 일흔 정도 되신 어머니께 이렇게 여쭈어 보았다. "어머니는 시간이 지나가는 속도가 얼마나 빠르게 느껴지세요?" 그러자 어머니가 내게 "얘야, 내 시간은 화살처럼 빨리 날아가는 것 같단다"라고 답하셨다. 시편 기자는 이렇게 고백한다.

> 우리의 연수가 칠십이요 강건하면 팔십이라도 그 연수의 자랑은 수고와 슬픔뿐이요 신속히 가니 우리가 날아가나이다 시 90:10

그리고 또 이렇게 기도한다.

- 우리에게 우리 날 계수함을 가르치사 지혜로운 마음을 얻게 하소서
  시 90:12

지혜로운 마음을 가진 사람은 자기의 날을 세는 법을 깨달은 사람이다. 인생의 지혜는 바로 자기 삶의 날짜를 세는 법을 배우는 것이다. 그리고 그 계산법은 간단하다. 우리가 하나님 안에 있는 날들은 하나님께 계수되는 날들이고, 우리가 하나님 안에 있지 않은 날들은 죽음의 날들, 즉 하나님께 계수되지 못하는 날들이다. 하나님의 생명에서 떠난 날들은 우리가 잃어버린 날들이기 때문이다.

창세기 4-5장에는 두 가지의 계보가 등장한다. 창세기 4장에는 아담의 큰아들 가인이 하나님을 떠난 후 낳은 자손을 기록한 계보가 나온다. 그리고 바로 이어지는 창세기 5장에는 아벨 대신 아담에게 주신 아들 셋과 그 자손, 즉 하나님 안에서 경건한 삶을 살았던 이들의 계보가 나온다. 그런데 이 두 가지 계보가 기록된 방법에는 큰 차이점이 하나 있다. 창세기 4장의 하나님을 떠난 사람들의 계보에는 그들이 살았던 연수가 기록되어 있지 않다는 것이다.

가인이 **여호와 앞을 떠나서** 에덴 동쪽 놋 땅에 거주하더니 아내와 동침하매 그가 임신하여 에녹을 낳은지라 가인이 성을 쌓고 그의 아들

1. 첫 번째 질문: "네가 어디 있느냐?"

의 이름으로 성을 이름하여 에녹이라 하니라 에녹이 이랏을 낳고 이랏은 므후야엘을 낳고 므후야엘은 므드사엘을 낳고 므드사엘은 라멕을 낳았더라 창 4:16 –18

반면 셋의 후예들은 다른 방법으로 족보가 기록되어 있다.

셋은 백오 세에 에노스를 낳았고 에노스를 낳은 후 팔백칠 년을 지내며 자녀들을 낳았으며 그는 구백십이 세를 살고 죽었더라 에노스는 구십 세에 게난을 낳았고 게난을 낳은 후 팔백십오 년을 지내며 자녀들을 낳았으며 그는 구백오 세를 살고 죽었더라 게난은 칠십 세에 마할랄렐을 낳았고 마할랄렐을 낳은 후 팔백사십 년을 지내며 자녀들을 낳았으며…에녹은 육십오 세에 므두셀라를 낳았고 므두셀라를 낳은 후 삼백 년을 하나님과 동행하며 자녀들을 낳았으며…노아는 오백 세 된 후에 셈과 함과 야벳을 낳았더라 창 5:6–32

이들은 결코 생명 되신 하나님을 떠나지 않았다. 이들의 삶은 하나님이 받으신바 되었고, 이들이 산 햇수는 모두 하나님께 계수되고 인정되었다.

형제들이여, 우리가 칠팔십 년을 살아도 하나님 안에 있던 날들이 채 며칠이 되지 않는다면, 우리 인생이 대부분 헛되이 지나간 것이 아닌가? 우리의 삶에 남은 날들이 얼마나 되는가? 우리는 하나님이 부르시면 언제라도 가야 하기에, 우리가 이 세상에 얼마나 더 있을지는 아무도 모른다. 만약 주님의 긍휼이 붙드시면 10년, 20년, 혹은 30년이 될 수도 있고, 우리가 젊다면 40년, 길어야 60년일 것이다. 아니면 바로 내일이 하나님이 우리를 부르시는 날이 될지도 모른다. 아무도 그것을 모르지만, 길어도 몇십 년인 우리의 남은 나날은 활시위를 떠난 화살처럼 빨리 날아갈 것이다. 그리고 분명한 사실 한 가지는, 그날이 오면 한 사람도 예외 없이 모두 하나님과 계산해야 한다는 것이다.

그러면 우리는 어떻게 살아야 할까? 일평생을 다 보낸 후에 뒤돌아보았을 때 내 삶의 90년 중 실제로 하나님 앞에서 산 나날이 채 한 달도 되지 않는다면, 나의 영적인 나이는 채 한 살이 되지 않는다면, 얼마나 안타깝고 하나님 앞에 부끄럽겠는가?

가령 우리가 20년 후에 세상의 종말이 온다는 것을 알게 되었다고 하자. 그리고 그때 우리 모두 하나님의 심판대 앞에 서게 된다는 사실을 알게 되었다고 하자. 그러면 우리 삶의 태도는 얼마나 달라지겠는가? 그런데 분명한 사실은, 바로 우리 각자의 삶이 끝나는 날이 그렇게 가까이 있다는 것이다. 우리 한 사람 한 사람의 판결의 날은 머지않았다. 잠깐 후면 우리는 모두 하나님의 심판대 앞에 설 것이다. 성경은 우리가 우리의 날을 세는 법을 아는 것이 지혜라고 했다. 우리가 우리 인생의 날들이 얼마나 빠르게 지나가는지를 깨달을 때, 우리는 하루하루 귀중하게 여기며 살 것이다.

사실 지금 내 주변의 여러 사람이 건강 문제로 어려움을 겪고 있다.

1. 첫 번째 질문: "네가 어디 있느냐?"

중한 병으로 죽을 고비를 넘긴 이도 있지만, 어떤 이들은 여전히 암으로 투병 중이며, 어떤 이는 시한부 선고를 받았다. 그들은 자신에게 남은 하루하루가 얼마나 귀한지 알고 있다. 언제라도 하나님이 자신을 데려가실 수 있다는 것을 체험으로 알았기 때문이다. 어떤 이들은 아침에 잠에서 깼을 때 몸이 힘들고 아파도, 오늘 하루 더 살아 있다는 것이 얼마나 귀하고 감사한 일인지 고백한다. 만약 우리가 모두 자신이 시한부 인생을 살고 있음을 기억한다면 우리에게 주어진 이 오늘을 감사하면서 살지 않겠는가? 그리고 자신에게 이렇게 묻지 않겠는가? '오늘 하루는 하나님의 생명이 나를 통해 흐르는 날인가? 오늘 하루는 내가 하나님의 뜻 가운데, 그분의 생명 가운데 있는 날인가? 오늘은 하나님 앞에 살았던 날로 계수되는 날일 것인가?'

왜 많은 교회와 그리스도의 몸이 아파하고 깨지는가? 우리가 그리스도인이 된 햇수는 오래됐으나, 참된 나이인 영적 나이는 얼마 먹지 않아서가 아닌가? 하나님의 생명에 붙어서 산 날들이 거의 없어서 그런 것이 아닌가? 그리스도의 몸 안에 어린아이들뿐이요, 성숙한 자가 없기 때문이 아닌가? 평생 그리스도인으로 살았지만 영적인 나이는 겨우 몇 달에 불과하다면, 다들 기저귀를 차고 자기 필요만을 채워 달라고 보채는 아기들이라면…. 우리의 날들 대부분 하나님의 생명에서 떨어진 잃어버린 날들이라면, 우리의 영적 상태는 얼마나 안타까운 모습인가?

하나님의 사람이자 믿음의 조상으로 불리는 아브라함에게도 그렇게 잃어버린 날들이 있었다. 창세기 12장에서 25장까지는 아브라함의 신앙 여정이 자세히 기록되어 있다. 그런데 그 한가운데인 16장 마지막 절과 17장 첫 절 사이에는 아무 기록이 없다.

> 하갈이 아브람에게 이스마엘을 낳았을 때에 아브람이 팔십육 세였더라
> 창 16:16

그리고 이어서 17장은 갑자기 이렇게 시작한다.

> 아브람이 구십구 세 때에 여호와께서 아브람에게 나타나서 그에게 이르시되 창 17:1

아브라함은 86세 때 하갈을 통해서 이스마엘을 낳았다. 그러고 난 후 아브라함이 99세가 되고 하나님이 그를 다시 찾으시기까지의 13년 동안은 아브라함의 삶에 관해 성경에 아무런 기록이 없다. 그동안의 이야기는 중간이 싹둑 잘려 나간 것처럼 비어 있다. 그리고 아브라함이 99세가 되었을 때, 하나님은 그에게 약속을 주시며 다시 한 번 아브라함과 하나님의 교제가 시작된다. 그리고 아브라함은 곧 이삭을 얻게 되고, 이삭이 젖을 뗄 때에 하갈과 이스마엘이 아브라함의 집을 떠난다. 하지만 그 중간의 13년에 관해서는 아무 기록이 없다. 아브라함이 단을 쌓았다는 기록도 없고, 샘을 팠다는 기록도 없고, 그의 행적에 대해서는 아무런 기록이 없다.

1. 첫 번째 질문: "네가 어디 있느냐?"

바로 그날들이 아브라함에게 잃어버린 날들이 아닌가? 그날들은 아브라함이 하나님의 약속을 기다리지 못하고, 자신과 사라의 뜻대로 이스마엘을 얻고, 그 이스마엘이 그의 가정에서 자라나던 날들이 아니었던가? 창세기 15장의 기록에 의하면 아브라함은 "네 몸에서 날 자가 네 후사가 되리라"는 약속의 말씀을 받았으나, 사라의 나이가 너무 많아 임신이 불가능하리라 생각하여, 사라의 제안에 따라 그녀의 몸종이었던 하갈과 동침하여 이스마엘을 낳았다.

우리도 하나님을 위해 일한다고 하면서 종종 우리의 방법을 따라, 우리에게 보이는 것을 따라 이른바 '주님의 일'을 할 때가 있다. 그러나 그것은 주님의 일이 아니라 나의 일이다. 하나님께 묻지 않고 하나님의 생명에서 떨어져 나간 채로 행한 모든 일은 죽은 행실일 뿐이다. 이스마엘도 후에 장성하여 큰 민족을 이루지만, 이삭과 이스마엘의 자손은 쉬지 않고 투쟁을 계속한다. 그 일은 아브라함의 가정에 어려움을 가져왔고, 오늘날까지도 이스마엘의 자손인 아랍인들과 이삭의 자손인 이스라엘인들은 서로 원수처럼 여기며 싸우고 있다. 성경은 우리에게 죽은 행실을 회개하라고 한다. 하나님을 떠나 행한 우리의 모든 행실은 죽은 행실이 아닌가? 죽은 행실은 오직 죽음을 부른다. 그 안에 하나님의 생명이 흐르지 않기 때문이다. 성령은 사데 교회를 향해 이렇게 말씀하셨다.

네가 살았다 하는 이름은 가졌으나 죽은 자로다 계 3:1

하나님의 말씀은 우리가 죽은 행실을 회개하는 것이 믿음의 첫걸음이라고 말한다(히 6:1). 왜냐하면 하나님이 이미 그리스도 안에서 허물과 죄로 죽었던 우리를 살리셨기 때문이다(엡 2:1).

하나님의 척도는 하나다. 하나님은 우리가 그분을 위해서라는 명목 아래 행하는 크고 위대한 일에는 관심이 없으시다. 우리가 종일 중보기도에 전념하거나 묵상을 했거나 부흥 집회에 참석했거나 위대한 선교 활동을 했다고 하나님이 그날을 계수해 주시는 것이 아니며, 우리가 종일 세상에서 사람들과 부딪치며 일했거나 집안에서 허드렛일만 했다고 그날을 계수하지 않으시는 것도 아니다. 하나님의 기준은 단 하나다. 바로 우리의 삶이 생명 되신 하나님과 연결되어 있었느냐의 여부다. 우리는 '오늘'이라고 부르는 시간 동안 하나님의 임재 안에서 살았는가? 현재 당신이 걷는 길이 많은 사람이 이야기하는 소위 '종교 생활'과는 아무 관계가 없는 것 같아도, 당신이 하나님 안에서, 생명 되신 그분의 뜻 가운데서 살고 있다면, 그날들은 하나님이 계수하고 인정해 주시는 날들일 것이다.

**우리의 보상이
되시는 하나님**

어느덧 내가 미국에 이민을 온 지 서른 두 해가 되어 간다. 한국을 떠나올 당시의 나는 대학원에서 물리학을 공부하는 학생이었고, 미국에 가

1. 첫 번째 질문: "네가 어디 있느냐?"

서 공부를 계속하여 학업을 마치기를 바랐다. 당시 우리 형제가 미국에 이민에 가기 한 해 전 부모님이 먼저 이민을 하셔서 우리 형제를 초대하신 상황이었고, 아버님이 한국에서 하시던 사업을 정리하여 얻은 자금으로 우리 형제는 미국에서 계속 공부하고 아버님은 나머지 자금으로 새로운 사업을 시작하는 것이 우리 가족의 계획이었다. 하지만 문제가 생겼다. 아버님이 먼저 미국에 이민을 가 계시던 1년 동안 아버님의 사업이 도산한 것이었다. 당시 나는 공부만 하고 있었기에 아버님의 사업에 무슨 일이 일어났는지는 모른다. 하지만 우리 형제가 미국으로 떠날 즈음에는 우리 가족의 경제 사정이 매우 달라져 버렸다. 우리는 아무것도 가진 것 없이 미국으로 이주해야 했던 것이다.

미국에 도착하니, 아버님이 그 전 해에 가지고 가셨던 돈이 거의 바닥이 나 있었다. 그때 나는 처음으로 아버님의 약한 모습을 보게 되었다. 아버님은 평생 사업을 하시던 분이라, 조금 남은 돈으로 작은 사업이라도 하고 싶어 하셨다.

하루는 아버님이 우리 형제들 넷을 모은 뒤 이렇게 말씀하셨다. "너희도 알다시피 내가 나이도 많고, 영어도 못하고, 이제는 재산마저도 다 사라졌다. 그렇다고 이제 다시 한국으로 돌아갈 수도 없고 이곳에서 네 어머니와 여생을 보내야 하는데, 만약 너희 중에서 한 명만 나를 몇 년 동안 도와준다면, 내가 그래도 희망을 품고 살 수 있겠다."

그때 나의 눈에 비친 상황은 이랬다. 형은 척추 디스크로 고생을 하고 있었고, 현재는 목사와 선교사로 사역하고 있는 두 동생은 그 당시 선교사 훈련을 받으려고 이미 신학교 입학 신청을 해 둔 상태였다. 따라서 부모님을 전적으로 도울 수 있는 사람이 나뿐인 듯 보였다. 그리고 내 마음속에서도 그렇게 하는 것이 하나님이 내게 주신 길이라고 말하고 있었다. 그래서 내가 부모님을 도와드리겠노라고 답했다.

우리가 알기로, 그 당시에 아주 소자본으로 할 수 있는 사업은 야채 가게뿐이었다. 아버님도 야채 가게를 하겠다고 얘기하셔서, 가게 운영하는 법을 배우기 위해 몇 달 동안은 뉴욕 맨해튼의 한 야채 가게에서 일을 배웠다. 유명한 관광지이기도 한 맨해튼은 화려하고 볼거리가 많은 곳이다. 그러나 그곳에서 일하는 노동자들에게는 절대로 화려하지만은 않은 곳이다.

뉴욕의 거리는 대개 두 종류로 나뉜다. 한 거리는 화려한 가게들이 늘어서 있고, 사람들로 북적거린다. 그러나 그 뒤쪽으로 들어가면, 수많은 트럭과 땀을 흘리는 수많은 이민자를 볼 수 있다. 바로 옆에 나란히 붙어 있는 거리이지만, 그 안에서의 삶은 서로 아주 다르다.

맨해튼의 야채 가게에서 내게 주어진 일은 주로 그런 뒷골목에서 하는 일이었다. 손수레로 물건을 나르고, 야채 가게에서 나오는 수많은 쓰레기, 특히 나무나 종이 상자들의 부피를 줄여서 버리고, 팔지 못하는 야채와 과일들을 정리해서 버리는 것이 내가 한 일들이었다. 뉴욕에서 쓰레기를 버리는 사업권은 마피아들이 잡고 있어서 꽤 많은 비용이 든다. 야채 가게에서는 쓰레기가 많이 나오기 때문에 할 수 있는 한 최대로 부피를 줄여 비용을 최소화해야 했는데, 그러려면 쇠로 된 커다란

1. 첫 번째 질문: "네가 어디 있느냐?"

쓰레기 컨테이너 위에 올라가서 발로 밟아 눌러야 했다.

그렇게 몇 달을 보내던 어느 날이었다. 그날도 컨테이너 위에 올라가서 쓰레기를 밟고 있었는데, 문득 저 멀리 깨끗한 옷을 입은 사업가들과 가방을 든 학생들이 지나가는 것이 보였다. 그러자 이런 생각이 들었다. '내가 도대체 지금 여기서 무엇을 하고 있는 것인가? 나는 공부하려고 미국에 온 것인데, 지금 무엇을 하고 있는 것인가?' 하지만 그 생각이 들던 그 순간, 내 마음에 '그래, 하나님은 지금 나를 이곳에 이렇게 두셨다. 나의 지금 이날들은 하나님이 나를 다루고 훈련하시려고 두신 날들이다' 하는 확신 또한 찾아왔다. 그러면서 다시 감사와 평안함이 찾아왔다. 부러운 마음과 슬픈 생각은 이내 봄눈 녹듯이 사라졌다.

그 후에 조그만 가게를 얻어 아버님과 함께 야채 가게를 시작했다. 자본이 없어서 길목이 안 좋은 곳에 있는 가게밖에 얻을 수 없었다. 우리는 정말 열심히 일했지만, 그 당시 미국은 큰 불황을 겪고 있었기 때문에 소비가 줄고 경쟁도 심하여 장사가 잘 안 되었다. 새벽에 시장을 다녀와서 장사를 하고, 밤늦게야 청소와 정리를 끝냈다. 하루 14-16시간 동안이나 노동을 한 셈이었다.

결국 2년 후 아버지는 사업을 접기로 하셨다. 하지만 그 후에도 나는 가족의 생계를 돕기 위해 가구 가게에서 일했다. 트럭으로 가구를 배달하기도 하고, 통풍이 되지 않는 지하에서 가구들을 정리하기도 했다. 그렇게 2년을 보내자 몸이 더는 감당을 못했는지 폐결핵이 생겼고, 계속 일을 할 수가 없게 되었다.

미국에서의 처음 4년은 그렇게 지나갔다. 하지만 내 마음속에 불평은 없었다. 세상이 보기에는 낭비된 것 같은 세월일지라도, 분명 하나님이 나를 낮추고 다루시는 날들임을 믿었기 때문이다.

병이 들자 내가 할 수 있던 일이라고는 그저 가만히 앉아 있는 것뿐이었다. 그래서 몇 년 동안 내려놓았던 공부를 다시 시작하기로 했다. 아내가 두 아이를 키우며 바느질과 허드렛일을 하면서 내 뒷바라지를 하고, 나는 공부를 계속했다. 그리고 6년여 만에 마침내 이론 물리학 박사학위를 받게 되었다. 그 후 나는 연구소 취업 자리나 박사학위 후에 하는 연구직인 포스트닥터 자리를 찾았다. 그때 몇 개월 동안 공백기가 있었는데, 마침 프린스턴 신학대학원의 유명한 히브리어 교수님이 히브리어를 가르친다는 소문을 듣게 되었고, 성경을 원어로 읽고 싶었던 오랜 소원이 있었기에 여름 학기에 등록해 공부를 했다.

그 여름 학기가 반 정도 지나간 어느 날이었다. 프린스턴 신학대학원 정원 벤치에 앉아서 공부를 하고 있는데, 갑자기 하나님이 내 마음 가운데 이렇게 말씀하셨다. "너는 신학을 계속해라." 나는 놀라고 당황하여 대답했다. "뭐라고요? 하나님, 예전에 제가 대학교를 졸업하고 대학원에 가기 전에 신학을 해야 할지 물었을 때는 분명히 아니라고 하지 않으셨습니까? 그때 과학을 통해서 저를 쓰겠다고 확실히 말씀하지 않으셨습니까? 그런데 왜 지금 와서 신학을 하라고 하십니까?" 그러나 하나님은 더는 아무 말씀도 하지 않으셨다.

나는 무엇보다 아내 생각에 마음이 아팠다. 가진 것 없이 나만 따라

외국으로 온 아내, 그 후 10년이라는 세월 동안 야채 가게에서, 또 내 박사학위 뒷바라지를 하느라 누구보다 많은 고생을 한 아내였다. 만약 내가 신학을 공부한다면, 아내는 앞으로 3년은 더 고생하며 내 뒷바라지를 해야 했다.

나는 하나님께 다시 물었다. "주님, 왜요? 저는 주님이 말씀하신 것이니 그렇다 쳐도, 제 아내에게는 너무 불공평합니다. 이제는 제가 박사학위를 받았으니 취직을 하면 아내가 고생을 좀 덜 할 수 있는데, 다시 공부를 시작한다면 아내가 3년을 더 고생해야 하지 않습니까? 하나님 안 됩니다." 나는 그 벤치에서 눈물을 흘리며 하나님께 항의했다. 그러나 하나님은 아무 대답이 없으셨다.

결국 나는 그렇게 신학을 시작했다. 그런데 신학대학원 2년 차가 되던 해 과학철학을 공부하신 학자 한 분이 내가 다니던 신학대학원의 교수로 오셨다. 그분은 내가 물리학을 공부한 후 신학도 하고 있음을 알고는, 나와 과학과 신앙에 관해 여러 가지 깊이 있는 대화를 나누기도 하고, 과학과 철학, 신학이 만나는 여러 부분을 함께 탐구하기도 했다. 그리고 그것을 계기로 나는 버클리의 과학과 신학을 위한 센터에서 포스트닥터를 하게 되었다. 그리고 그 후 버클리에서 있었던 학자들의 모임에서 마음이 맞는 수학자 한 분을 만나게 되어, 학회가 진행되던 일주일 동안 그리스도인의 비전과 학문에 대해서 함께 나누었다. 그런데 헤어지던 날 그분은 자신이 피닉스의 한 기독교 대학의 총장임을 밝히며, 교수 자리가 생기면 올 수 있겠느냐고 물으셨다. 나는 그분께 감사를 표하며, 만약 그런 기회가 주어지면 고려해 보겠다고 대답했다.

당시 나는 버클리에서 연구를 하고 있었는데, 그 연구가 미국 중부의 어느 큰 대학으로 옮겨져 진행하게 되었다. 당연히 그 연구를 하고 있던 나는 그 큰 대학에서 초청할 만한 제1순위 후보였다. 그런데 그 대학에 인터뷰를 가기 바로 직전, 일전에 만났던 총장님이 계시는 대학에서 수리물리학 교수 자리가 하나 났다면서 서둘러 인터뷰를 할 수 있겠느냐고 연락을 해 왔다. 나는 가겠다고 답했다.

피닉스의 대학에 인터뷰를 하러 가던 날, 아내가 나를 공항까지 데려다 주었다. 그런데 가는 길에 우리는 하늘에 환하게 빛나는 쌍무지개가 떠 있는 것을 보았다. 정말 놀랍고 경이로운 광경이었다. 쌍무지개를 본 적은 몇 번 있었지만, 그렇게 완전하고 빛나는 쌍무지개는 처음이었다. 나는 주님이 우리에게 약속하고 계심을 느꼈다. 인터뷰를 다녀온 후 나는 피닉스로 가기로 마음을 정했다.

그런데 얼마 후에 그 피닉스의 대학에서 나를 일반 교수가 아닌 정교수로 초대한다는 내용의 공식 초청장이 날아왔다. 나는 이해가 되지 않았다. 그 학교의 규율상 7년 동안 풀타임으로 강의를 해야만 정교수 자격이 주어지기 때문이다. 나는 하나님께 물었다. "주님, 이게 도대체 어떻게 된 일인가요? 저는 파트타임으로 몇 년 가르친 적은 있지만, 풀타임으로 가르친 적은 없는데요?" 그러자 주님이 이렇게 말씀하셨다. "나는 잊지 않았다. 네가 이민 온 후 노동을 하면서 나에게 순종했던 그 4년, 그리고 프린스턴 교정의 그 벤치에서 네가 흘렸던 눈물과 3년의 순종을 기억하고 있다. 나는 네게 그 7년에 대한 보상을 주는 것이다."

4년에 3년을 더한 7년의 세월은 결코 낭비가 아니었다. 하나님이 계수하셨기 때문이다. 세상이 보기에는 잃어버린 날들이었을지 몰라도, 그 시간은 하나님의 뜻 가운데서 보낸 날들이었다. 히브리서 기자는 이렇게 말한다.

> 믿음이 없이는 하나님을 기쁘시게 하지 못하나니 하나님께 나아가는 자는 반드시 그가 계신 것과 또한 그가 자기를 찾는 자들에게 상 주시는 이심을 믿어야 할지니라 히 11:6

이는 곧 하나님은 우리에게 보상이 되시는 분이라는 말이다. 하나님은 신실하신 분이라는 말이다. 그분은 우리가 문을 두드리면 열어 주시는 분이고, 찾을 때 나타나시는 분이고, 구하면 주시는 분이다. 우리의 순종을 잊지 않으시는 분이다. 하나님은 우리가 그분 안에서 산 날들을 계수하시는 분이다. 지금도 그분은 우리에게 물으신다. "○○야, 네가 어디 있느냐? 오늘 네가 나의 뜻 가운데, 나의 생명 가운데 붙어 있느냐?"

창세 전에 예비하신 어린양

뉴욕에서 야채 가게를 하던 시절은 하나님이 나의 삶을 다루시던 시간이었다. 특별히 어려운 그 시기를 지나는 동안 나는 가족과의 관계에서 많은 어려움을 겪었다. 가부장적인 가정에서 자라서 가족과 함께 힘든 사업을 해본 사람들은 아마도 비슷한 경험을 해봤을 것이다. 아무리 특별히 노력을 해도 가게가 잘되지 않자, 아버님과의 관계가 힘들어지기 시작했다. 물론 아버님의 입장도 충분히 이해가 되었다. 말도 안 통하는 이국땅에서 사업은 잘되지 않고, 공부를 해야 할 아들을 데려다 놓고 몇 년째 힘든 일을 시키고 있는데, 어찌 마음에 부담이 없으시겠는가? 그 큰 스트레스를 가족 말고 누구에게 쏟아 놓을 수 있단 말인가?

그렇게 어려운 시기를 지나던 어느 날, 새벽일을 하려고 일어나서 잠깐 2층 창문 밖을 물끄러미 내다보고 있는데, 문득 주르륵 눈물이 흘렀다. 어릴 때부터 하나님을 믿어 온 나는 그때까지 단 한 번도 하나님 앞이 아닌 다른 데서는 눈물을 흘려 본 기억이 없었다. 그러나 그때 내 눈에서 흐르던 눈물은 하나님 앞에서 흘리는 눈물이 아니었다. 나는 깜짝 놀랐다. 그것이 힘들고 서럽고 억울하여 흘리는 눈물임을 알았기 때문이었다.

그즈음의 어느 날 새벽, 가게 문을 열기 위해 길을 걷고 있는데 갑자기 신발 밑에 무언가 물컹한 것이 밟혔다. 개가 길에다 실례해 놓은 것을 밟은 것이었다. 여느 때 같았으면 그 자리에서 바로 신발을 닦았을 테지만, 그날은 그렇게 할 수가 없었다. 그것을 밟는 순간 하나님이 "이것이 지금 네 마음의 상태다"라고 말씀하셨기 때문이다. 그와 동시에 내 마음이 나 자신을 책망하기 시작했다. '신발만 닦으면 무엇하겠는가? 마음이 더러워져 있는데!' 그래서 나는 절뚝거리며 걸으면서 하나님 앞에 회개하기 시작했다. 한참이나 걸어가면서 주님께 기도했다. "주님, 제가 어떤 상태인지 알게 해주셔서 감사합니다. 아버지, 저를 용서해 주세요."

그런데 그 기도를 마치자마자 눈앞에 보이는 것이 있었다. 밤새 비가 온 것인지 차도 쪽으로 맑고 깨끗한 물이 고여 있었고, 바로 그 옆 인도에는 누가 버린 건지 빨간 카펫이 정리해 놓은 것처럼 놓여 있었다. 그래서 물에 신발을 깨끗이 씻고, 빨간 카펫에 닦을 수 있었다. 동시에 내 마음이 깨끗한 물과 같은 하나님의 말씀으로 씻기고, 예수 그리스도가 흘리신 붉은 피로 정결케 됨을 느꼈다.

하나님은 우리에게 물으신다. "네가 어디 있느냐? 네가 오늘 내 안에 있느냐? 아니면 너의 길을 가고 있느냐? 네 마음이 나와 합해 있느냐? 아니면 네가 미워하는 마음, 세상의 욕심으로 가득 찬 마음, 잘못된 길로 들어서 있느냐?" 우리는 하나님이 던지시는 이 질문을 들어야 한다. "네가 어디 있느냐?" 우리는 하나님 앞에서 어디에 있는가? 하나님 앞에서 가리고 있는 것은 없는가?

우리가 허물을 자백하고 주님 앞에 구할 때, 그분은 우리가 만들어 엮은 나뭇잎이 아니라 어린양의 영원한 가죽으로 우리를 덮어 주신다. 그분은 창세 전에 어린양을 예비해 두셨다. 언제라도 우리와의 관계를 회복시키길 원하셨기 때문이다.

"**네가 어디 있느냐?**" 우리가 이 질문을 들을 때는 하나님이 우리를 정죄하시는 때가 아니라, 우리에게 회복할 기회를 주시는 때다. 그러면 우리는 어떻게 응답해야 할까? 다윗은 이렇게 고백한다.

> 내게 줄로 재어 준 구역은 아름다운 곳에 있음이여 나의 기업이 실로 아름답도다 시 16:6

다윗은 알고 있었다. 하나님이 재어 주신 구역은 세상이 보기에 얼마나 작든 크든 상관없이 정말 아름답다는 것을 말이다. 다윗은 하나님이 주신 것이 자신에게 얼마나 아름다운지, 하나님 안에 거하는 것이 얼마나 감사하고 즐거운지 배웠다. 그는 또 이렇게 고백했다.

> 만군의 여호와여 주의 장막이 어찌 그리 사랑스러운지요…주의 궁정에서 한 날이 다른 곳에서 천 날보다 나은즉 시 84:1, 10

하나님 안에 있을 때에만 생명이 흐르고 열매 맺는다는 사실을 아는 사람은 복이 있다. 주님은 이렇게 말씀하신다.

> 나는 포도나무요 너희는 가지라 그가 내 안에, 내가 그 안에 거하면 사람이 열매를 많이 맺나니 나를 떠나서는 너희가 아무것도 할 수 없음이라 요 15:5

1. 첫 번째 질문: "네가 어디 있느냐?"

주님, 우리가 잘못된 걸음을 걷는 그 순간마다,
우리에게 "네가 어디 있느냐?" 하고 물어 주십시오.
그리고 우리로 하여금 돌이키게 하십시오.

주님, 우리 인생이 곧 다하여 주님 앞에 설 때
내 인생을 돌아보며 부끄럽지 않도록 복을 주십시오.
잃어버린 시간이 있으면
지금이라도 회복할 수 있도록 긍휼을 베풀어 주십시오.

주님, 나의 삶이 하나님 앞에서 받으신바 되었고,
하나님께서 계수하셨음을 아는
그 기쁨을 가지게 해주십시오.
우리에게 날 계수함을 알게 하셔서
지혜를 갖게 해주십시오.

여호와께서 가인에게 이르시되
네 아우 아벨이 어디 있느냐
그가 이르되 내가 알지 못하나이다
내가 내 아우를 지키는 자니이까(창 4:9).

2. 두 번째 질문
"네 형제는 어디 있느냐?"
서로 사랑하라는 말씀의 참 의미

아담에게는 가인과 아벨이라는 두 아들이 있었다. 가인과 아벨은 인류의 첫 번째 형제였다. 그들은 자신이 수고한 것으로 각자 하나님께 제사를 드렸다. 그러나 하나님은 아벨과 그의 제사는 받으시고, 가인과 그의 제사는 받지 않으셨다. 그 후 가인은 아벨을 미워하게 되었고, 결국 아벨을 죽이고 말았다. 아벨의 피가 땅에서 하나님께 호소할 때, 그분이 가인을 찾으셨다. 그리고 물으셨다. "네 아우 아벨이 어디 있느냐?" 그러자 가인은 거짓으로 대답한다. "내가 알지 못합니다. 내가 내 아우를 지키는 자이니까?"

모든 것을 아시는 하나님 앞에서 어찌 이리 빤히 보이는 거짓말을 할 수 있을까? 나는 여기서 두 가지를 부정하고 있는 가인이 참으로 어리석다고 생각한다. 그는 자신의 형제를 쳐 죽인 사실을 부정했으며, 형제와 가져야 할 관계도 부정했다.

그러나 우리 역시 하나님 앞에서 이런 어리석은 대답을 할 때가 과연 없는가? 성경은 만물보다 심히 부패한 것이 인간의 마음이라고 한다. 우리는 우리의 잘못을 쉽게 받아들이지 못한다. 우리는 자신의 행위를 정당화하며, 자신을 곧잘 속인다. 우리가 자신에게 백 퍼센트 정직하기란 쉽지 않다. 하지만 자신을 속이기 시작할 때, 우리는 가끔 하나님마저 속이려는 어리석음을 범하게 된다.

혹시 가인은 다르게 대답할 수 없었을까? 불행히도 성경은 이후에 가인이 하나님 앞을 떠났다고 기록한다. 그는 하나님의 빛 가운데 있는 것을 견딜 수 없었다. 자기 자신에게 정직할 수 없었기 때문이다. 만약 하나님이 그렇게 질문하실 때 가인이 그 앞에 고꾸라져 회개했다면, 자신의 잘못을 고백하고 하나님께 회복을 구했다면 인류의 역사는 어떻게 달라졌을까?

하나님을 사랑하는 참된 척도

모순 같지만 우리가 하나님을 사랑하는지의 여부에 대한 참된 척도는, 우리가 하나님을 위해 내는 열심의 정도가 아니라 우리가 이웃을 얼마

2. 두 번째 질문: "네 형제는 어디 있느냐?"

나 사랑하는지에 달려 있다. 한 율법사가 "율법 중 어느 계명이 가장 큽니까?" 하고 질문하자, 예수님은 이렇게 대답하셨다.

> 네 마음을 다하고 목숨을 다하고 뜻을 다하여 주 너의 하나님을 사랑하라 하셨으니 이것이 크고 첫째 되는 계명이요 둘째도 그와 같으니 네 이웃을 네 자신같이 사랑하라 하셨으니 이 두 계명이 온 율법과 선지자의 강령이니라 마 22:37-40

그런데 갈라디아인들에게 쓴 편지에서 사도 바울은 이렇게 말했다.

> 온 율법은 네 이웃 사랑하기를 네 몸과 같이 하라 하신 한 말씀에서 이루어졌나니 갈 5:14

바울은 여기에 하나님을 사랑하라는 계명을 기록하지 않았다. 그렇다면 그는 예수님이 말씀하신 첫 번째 계명을 잊어버린 것인가? 아니다. 그는 이웃 사랑에 대한 계명 안에 하나님 사랑에 대한 계명이 이미 포함되어 있음을 알았다. 요한도 두 계명이 분리될 수 없음을 증거한다.

> 누구든지 하나님을 사랑하노라 하고 그 형제를 미워하면 이는 거짓말 하는 자니 보는바 그 형제를 사랑하지 아니하는 자는 보지 못하는바 하나님을 사랑할 수 없느니라 요일 4:20-21

교회 생활도 물론 중요하다. 기도와 금식, 찬양, 묵상 역시 중요하다. 그러나 신앙의 참된 척도는, 우리의 일상생활에서 드러나는 우리와 이웃과의 관계에 있다. 하나님을 참으로 사랑한다면, 그분 형상대로 지음 받은 이들, 내 곁에 있도록 하나님이 두신 이들을 사랑하지 않을 수 없기 때문이다. 이웃을 자기 몸처럼 사랑할 때, 아니 오히려 자기 몸보다 더 귀하게 여겨 자신을 내주신 예수님처럼 사랑할 때, 하나님의 사랑이 우리 안에서 온전히 이루어질 것이다. 신앙과 생활의 참된 일치는 하나님이 우리 곁에 두신 이웃들을 진심으로 사랑할 때 이루어진다.

인류 역사상 하나님을 섬긴다는 명목 아래 이웃에 대한 억압과 폭력이 얼마나 많이 자행되어 왔는가? 하지만 주님은 우리가 이웃을 사랑할 때 우리가 그리스도의 제자인 것을 온 세상이 알게 되리라고 하지 않으셨던가? 한 나라가 기독교 국가임을 자처하면서 이웃 나라를 긍휼히 여기지 않을 때, 한 교회가 하나님을 섬긴다고 많은 프로그램을 진행하면서 불쌍한 이웃들을 돌아보지 않을 때, 한 개인이 하나님을 사랑한다고 자처하면서 그의 곁에 두신 이웃들의 아픔과 필요에는 무관심할 때, 그 나라와 교회와 개인에게 어찌 하나님이 함께하실 수 있겠는가? 정녕 우리의 모습이 이렇다면, 어찌 하나님의 사랑이 우리 안에 거하실 수 있겠는가?

온 세상에서 벌어지는 전쟁과 착취와 탄압, 서로를 향한 인간의 기만을 볼 때면 나는 하나님이 가인에게 하신 질문이 마음에 다가온다.

"네 아우 아벨이 어디 있느냐?"

---

2. 두 번째 질문: "네 형제는 어디 있느냐?"

우리의 아우, 우리의 이웃은 누구인가? 지금 우리와 그들의 관계는 어떠한가? 그들의 탄원 소리가 들리지 않는가? 그들의 아픔이 느껴지지 않는가? 그들은 바로 하나님이 우리에게 주신 우리의 형제자매가 아닌가? 우리가 하나님께 사랑한다고 고백할 때, 그분은 우리에게 이렇게 물으신다. "네 형제는 지금 어디 있느냐?" 이에 우리는 어떻게 대답하고 있는가? "우리는 모릅니다. 제가 그들을 지켜야 하는 자입니까?"라고 고백하고 있지는 않은가?

하나님께 중요한 것은 우리의 종교 생활이 아니다. 하나님께 중요한 것은 그분이 우리 주변에 두신 하나님의 형상을 입은 사람들을, 우리가 얼마나 사랑하고 섬기느냐. 가정에서 남편이나 아내에게 함부로 대하고 자녀에게 소홀히 하면서 드리는 예배는 하나님께 열납되지 않을 것이다.

예수님은 이렇게 말씀하셨다.

> 예물을 제단에 드리려다가 거기서 네 형제에게 원망들을 만한 일이 있는 것이 생각나거든 예물을 제단 앞에 두고 먼저 가서 형제와 화목하고 그 후에 와서 예물을 드리라 마 5:23-24

또 이사야는 하나님이 기뻐하는 금식에 대해 "흉악의 결박을 풀어 주며 멍에의 줄을 끌러 주며 압제당하는 자를 자유하게 하며 모든 멍에를 꺾는 것이 아니겠느냐 또 주린 자에게 네 양식을 나누어 주며 유리

하는 빈민을 집에 들이며 헐벗은 자를 보면 입히며 또 네 골육을 피하여 스스로 숨지 아니하는 것이 아니겠느냐"(사 58:6-7)라고 말했다. 바울이 로마서 12장 1절에서 말한 것과 같이, '우리의 몸을 우리의 삶 속에서 하나님께 드리는 것이 진정한 영적 예배'임을 기억하는가?

**관계 속에
창조된 우리**

'관계 정체론'이라는 것이 있다. 모든 존재의 정체성은 관계를 통해서 만들어지며, 관계 자체가 존재의 가장 핵심이라는 생각이다. 예를 들어 '내가 누구인가'에 대해 이야기할 때 관계를 떠나서는 나에 대해 아무것도 말할 수 없다는 것이다. 나는 내 자녀들의 아버지이자 내 아내의 남편이며, 내 부모님의 아들이고, 내 학생들의 선생님이자 다른 이들의 동료다. 심지어 나의 고유한 특성이라고 생각할 수 있는 나이나 키, 몸무게, 그리고 피부색조차도 한발 더 나아가 생각해 보면 나와 우주적인 시공간의 관계, 나와 지구의 중력장의 관계, 빛과 물질의 상호관계 안에서 정의하고 이해할 수 있음을 발견하게 된다.

    모든 존재의 근본이 되시는 하나님도 아버지와 아들과 성령의 관계로 나타나신다. 우리는 관계 안에 존재하도록 창조되었으며, 그 관계를 통해 하나님의 사랑과 생명이 흐르도록 창조되었다. 인간이 하나님의 형상을 따라서 창조되었다는 것은, 하나님과의 관계 안에서만 우리 자

2. 두 번째 질문: "네 형제는 어디 있느냐?"

신의 참된 정체성을 찾을 수 있다는 뜻이다. 창세기 1장을 보면 "우리의 형상을 따라 우리의 모양대로"라는 구절이 반복되어 나온다. 우리가 모든 사람에게서 하나님의 형상을 볼 수 있을 때, 우리는 우리의 이웃을 올바르게 보고 있는 것이다.

예수님이 우리에게 가르쳐 주신 가장 중요한 사실 중 하나는 하나님이 우리의 아버지라는 사실이다. 하나님은 우리와 이런 사랑의 관계를 회복하기 원하신다. 인간과 인간 사이의 관계도 마찬가지다. 하나님은 아담에게 그의 '뼈 중의 뼈'이며 또한 '살 중의 살'인 하와를 주셨다. 즉, 하나님은 사랑의 관계를 창조하셨다. 둘이 서로 사랑하는 가운데 자녀를 낳고, 그 자녀로 말미암아 하나님 사랑의 형상이 계속 전해지기를 원하셨다. 그분은 우리가 만물을 다스리게 하셨고, 그 관계를 통해 만물 속에 그분의 생명이 흐르기를 원하셨다. 그러나 하나님을 사랑하지 못하는 우리 마음의 죄 때문에 이 관계들도 끊어지고 말았다. 아담과 하와의 관계가 끊어지고, 가인과 아벨의 관계도 끊어졌다. 가인은 "네 아우 아벨이 어디 있느냐?"라는 질문에 정직하게 대답할 수 없었다.

우리는 왜
서로 사랑하지 못하는가?

가인과 아벨의 사건은 두 가지 면에서 우리 마음을 더욱 아프게 한다. 첫째는 그들이 형제 사이였다는 사실이고, 둘째는 그들이 둘 다 하나님을 섬기고 있었다는 사실이다. 이 두 가지 사실은 그리스도인으로 40여 년이 넘게 살아온 나에게 오랫동안 풀리지 않는 의문으로 남았다. "우리는 왜 그리스도인이라고 자처하면서도 서로 사랑하지 못하는가?" 다른 그리스도인들 역시 나와 비슷한 의문을 품고 있으리라 생각한다. 슬픈 일이다.

나는 30년 이상 지역 교회의 사역자로, 선교단체의 일원으로, 기독교 대학의 교수와 기독교 연구기관의 소장으로, 또 여러 기독 사역에 참여하는 사람으로 그리스도의 몸을 섬겨 왔다. 그런데 여러 가지 사역에 깊이 참여하면 할수록 이 의문은 커져만 갔다. 형제들이 아픔 속에서 서로 갈라질 때, 분열을 피하기 위해 그리스도인들의 단체를 떠나야 했을 때, 하나님의 용서와 화해의 복음을 전해야 할 선교지에서 질투와 불신, 상처가 동역자들을 갈라놓는 것을 볼 때면, 이 질문이 내 안에서 끊임없이 올라왔다. '세상의 일들이 그리스도의 몸 안에서도 똑같이 일어나는 이유는 무엇인가? 사랑의 하나님을 섬기며 일한다는 사람들 사이에 여전히 시기와 불신, 상처가 있는 이유는 무엇인가? 하나님의 일이라고 하는 일들 안에 인간적인 수단과 세상적인 방법들이 가득한 이유는 무엇인가? 다른 길은 없는가? 우리는 사랑의 공동체로 부르심 받은 것이 아니란 말인가? 대체 무엇이 잘못되어 있는 것인가?' 이와 같은 질문들이 내 마음을 떠나지 않았다.

하나 되어야 할 지체들이 다치고 찢어지면서, 그리스도의 몸은 점차 갈라지고 불구가 되었다. 나는 우리 그리스도인들 가운데 이런 일들이 일어나는 이유는 무엇인지, 우리 안에서 무엇이 잘못되어 있는 것인지 정말 의아했다. 주님이 우리에게 서로 사랑하라는 계명을 주지 않으셨던가? 수많은 사역을 주님의 이름으로 행하면서도, 정작 주님이 단 한 가지 '내 계명'이라고 말씀하신 "서로 사랑하라"는 계명을 지키지 않는다면, 우리는 과연 무엇을 하고 있는 것인가? 예수님은 다음과 같이 말씀하셨다.

> 새 계명을 너희에게 주노니 서로 사랑하라 **내가 너희를 사랑한 것 같이** 너희도 서로 사랑하라 너희가 서로 사랑하면 이로써 모든 사람이 너희가 내 제자인 줄 알리라 요 13:34-35

어느 날 이 말씀을 묵상하고 있을 때였다. 예전에는 무심히 지나쳤던 **"내가 너희를 사랑한 것 같이"**라는 구절이 그날 따라 나의 마음에 새롭고도 강하게 부딪쳐 왔다. 나를 사랑해 주는 사람을 사랑하는 일은 이방인들도 할 수 있는 일이다. 주님은 우리에게 단지 서로 사랑하라고 하신 것이 아니라 **'그분이 우리를 사랑하셨던 것처럼'** 사랑하라고 하신 것이다.

나는 그 말씀을 다시 보면서 '내가 너희를 사랑한 것 같이' 사랑하라는 말씀의 뜻을 새롭게 묵상하기 시작했다. '그럼 예수님은 우리를 어떻게 사랑하셨는가?'라는 질문으로 시작된 묵상은 그리스도의 몸에 대한 나의 마음과 삶을 새롭게 바꾸기 시작했다. '예수님은 우리를 어떻게 사랑하셨는가? 우리가 그분을 사랑할 때만 우리를 사랑하신 것인가? 우리가 그분의 말씀에 순종하지 않고, 그분의 마음을 아프게 하며, 그분의 사랑을 배반했을 때에도 여전히 우리를 사랑하지 않으셨던가?'

이 새 계명을 주시던 때는 예수님이 제자들과 함께 마지막 만찬을 드시던 그날 밤이었다. 바로 그 밤까지 제자들 중 단 한 명이라도 주님이 가셔야 했던 십자가의 길을 이해하던 사람이 있었는가? 오히려 주님은 그 전날까지도 '누가 더 높은가'를 놓고서 다투던 그들의 발을 씻겨 주지 않으셨던가?

나는 예수님이 잡히시기 전 마지막 유월절의 사건을 묵상하면서, 교회와 사람들을 섬긴다고 생각했던 나의 자세와 우리를 섬기셨던 예수 그리스도의 자세에 근본적인 차이가 있음을 깨달았다. 주님은 제자들의 발을 씻기심으로 우리가 어떻게 서로 사랑해야 하는지를 친히 보여 주셨다. 그리고 내 마음에 맴돌고 있던 '우리는 왜 서로 사랑하지 못하는가?'라는 의문에 대한 해답을 주기 시작하셨다.

내가 너희를 사랑한 것 같이

때는 유월절, 예수님이 잡히시기 전날 저녁이었다. 예수님은 미리 베드로와 요한을 보내, 한 다락방을 구해 유월절을 예비하라 명하셨다. 제자들과 마지막 만찬을 함께하기 위해서였다. "내가 고난을 받기 전에 너희와 함께 이 유월절 먹기를 원하고 원하였노라"(눅 22:15)고 말씀하신 것으로 보아, 예수님이 이날 제자들과 함께하기를 간절히 바라고 기다리셨음을 알 수 있다. 그날 밤은 여느 때보다 특별했다. 하나님 사랑의 형상대로 지음 받았음에도 그 모습을 잃어버린 인류를 위해 십자가를 지기로 결정하신 밤이었기 때문이다. 그러나 그렇게 간절했던 예수님의 심정과는 달리, 제자들의 마음은 전혀 다른 곳에 가 있었다.

예수님은 자신이 죽게 될 것에 대해 제자들에게 거듭 말씀하셨다. 그러나 제자들은 그 말뜻을 도무지 깨닫지 못했다. 오히려 그 자리에 모여서까지 자기들 중 누가 더 높은가를 두고 다툴 뿐이었다. 예수님의 아프고 답답한 심정을 헤아리는 제자는 전혀 없었다. 3년 동안이나 예수님을 따라다녔음에도, 그분이 가시는 길이 어떠한 길인지, 그분을 따르는 삶이 무엇인지에 대해서는 전혀 깨닫지 못하고 있던 것이다.

그 당시 유대인들은 샌들을 신고 다녔다. 그리고 그 지역의 길들은 군인들과 전차들을 위해 돌로 깔린 '로만 로드'라는 극소수의 길을 제외하고는 거의 다 비포장 상태였다. 그런 길 위로 사람과 수레뿐 아니라 나귀, 소, 양 등 온갖 가축이 모두 지나다녔다. 팔레스타인 지방의 기후는 길고 건조한 여름과 가끔 비가 내리는 겨울, 이렇게 두 계절로 나뉜다. 건조한 여름에는 흙과 먼지가 날리지만 우기에는 땅이 질퍽해져서 조금만 걸어도 발이 더러워진다. 그래서 유대인들에게는 집에 들어갈 때면 우선 발을 씻고, 먹기 전에는 반드시 손을 씻는 관습이 있었다. 예수님이 첫 번째로 행하신 기적, 즉 가나의 혼인 잔치에서 물로 포도

주를 만드신 기적을 행하실 때 종들이 들고 들어간 물통들도 이런 관습을 위해 준비되어 있던 것이었다. 부잣집에서는 종들이 대야와 수건을 미리 마련하여 손님들의 발을 씻어 주기도 했지만, 종들이 없는 집에서는 가장 지체 낮은 사람이 손님의 발을 씻어 주는 일을 맡기도 했다.

유월절 전날 예수님과 제자들이 마지막으로 모인 다락방에는 발을 씻어 줄 종이 따로 없었다. 은밀히 모이는 자리였기 때문에 예수님과 제자들 외에는 아무도 없었던 듯하다. 하지만 아무도 서로의 발을 씻어 줄 생각을 하지 않았으므로, 그들은 다 그냥 들어가서 앉았다. 발이 여전히 더러워 마음이 개운치 않은 상태로, 그렇게 그들은 가장 중요한 절기 행사인 유월절 식사를 앞두고 있었다.

하지만 적어도 제자들이 서로 발을 씻겨 주지는 않아도, 일반적인 도리로 치자면 자신들의 선생님이며 주님이신 예수님의 발을 누군가 씻겨 드렸을 만도 하다. 구약에서도 엘리야의 제자였던 엘리사에 대해 '엘리야의 손에 물을 붓던 엘리사'라고 소개하지 않던가. 유대인들 안에는 옛날 우리나라의 군사부일체 사상과 비슷한 생각이 있었다. 그래서 스승을 '주님'이라고 불렀고, 스승이 손과 발을 씻는 일을 제자들이 돕기도 했다. 그러나 이날은 어떤 제자도 예수님의 발을 씻겨 드리지 않았다. 이 일이 우리에게 말해 주는 중요한 교훈이 한 가지 있다. 우리는 가끔 이렇게 말한다. "나는 저 형제의 발은 씻길 수 없지만, 주님의 발이라면 씻겨 드리겠다." 그러나 이 사건은 분명히 우리에게 증거한다. 형제들의 발을 씻겨 주기 거절할 때 우리는 주님의 발도 씻겨 드리지 않는다는 것을 말이다.

마지막 만찬이 있던 이날 밤의 이야기는 이렇게 시작되었다.

유월절 전에 예수께서 자기가 세상을 떠나 아버지께로 돌아가실 때가 이른 줄 아시고 세상에 있는 자기 사람들을 사랑하시되 끝까지 사랑하시니라 요 13:1

이 밤에 일어난 사건은 예수님이 제자들을 마지막까지 어떻게 온전히 사랑하셨는가에 관한 이야기다. 서로 사랑할 줄 몰랐던 제자들의 발을 씻어 주심으로, 예수님이 직접 사랑과 섬김의 본을 보이신 것이다. 제자들의 발을 다 씻기신 후에 주님은 그들에게 그렇게 행하신 이유를 말씀하셨다.

내가 주와 또는 선생이 되어 너희 발을 씻겼으니 너희도 서로 발을 씻기는 것이 옳으니라 **내가 너희에게 행한 것 같이** 너희도 행하게 하려 하여 본을 보였노라 요 13:14-15

예수님이 제자들의 발을 씻어 주신 것은 바로 예수 그리스도의 섬기는 삶 전체를 보여 주는 행동이자 표현이었다. 예수님의 사랑은 섬김을 통해 표현되었다. 행함이 없는 믿음이 죽은 믿음인 것처럼, 섬김이 없는 사랑은 거짓 사랑이기 때문이다.

그리고 조금 후 유다가 예수님을 넘겨주기 위해 나간 뒤, 주님은 제자들에게 다음 계명을 남기셨다. 이 계명은 예수님이 우리에게 주신 단 하나의 계명이었다.

> 새 계명을 너희에게 주노니 서로 사랑하라 내가 너희를 사랑한 것 같이 너희도 서로 사랑하라 요 13:34

그날 밤의 장면을 그려보자. 그 밤은 예수님이 제자들과 이 땅에서 같이 지낼 수 있는 마지막 밤이었고, 유월절이라는 절기는 유대인인 그들에게 가장 뜻깊은 만찬의 자리였다. 식사를 위해 둘러앉은 제자들은 서로의 발이 더러워진 것을 보았지만, 그 누구도 먼저 일어나 다른 이들의 발을 씻어 줄 생각을 하지 않았다.

그런데 갑자기 전혀 상상할 수 없던 일이 일어났다. 주님이자 선생이신 예수님이 저녁 잡수시던 자리에서 일어나셔서, 종처럼 그들의 발을 씻어 주기 시작하셨던 것이다. 성경에 기록된 것처럼 베드로를 비롯한 제자들이 무척 당황했던 것은 지극히 당연한 일이다.

> 저녁 먹는 중 예수는 아버지께서 모든 것을 자기 손에 맡기신 것과 또 자기가 하나님께로부터 오셨다가 하나님께로 돌아가실 것을 아시고 저녁 잡수시던 자리에서 일어나 겉옷을 벗고 수건을 가져다가 허리에 두르시고 이에 대야에 물을 떠서 제자들의 발을 씻으시고 그 두르신 수건

2. 두 번째 질문: "네 형제는 어디 있느냐?"

으로 닦기를 시작하여 요 13:3-5

이 말씀을 계속 묵상하고 있을 때, 하나님은 예수님의 행동 하나하나를 통해 '예수님은 우리를 어떻게 사랑하셨는가?', 그리고 '우리는 왜 서로 사랑하지 못하는가?'라는 나의 의문을 해결할 만한 답을 조금씩 보여 주기 시작하셨다.

**예수님이
보여 주신 사랑**

첫째, 예수님은 저녁 잡수시던 자리에서 일어나셨다.

예수님은 저녁을 드실 수 있는 '권리'를 포기하셨다. 오, 그곳에 모였던 자들 중에 마지막까지 앉아서 저녁을 먹을 수 있는 자격이 있는 사람이 하나 있다면, 그 사람은 마땅히 주님이자 선생님이신 예수님일 것이다! 그러나 예수님은 제자들을 섬기기 위해 그 권리를 포기하셨다. 이런 주님의 모습은, 우리가 자리에 앉아 자신의 권리를 주장하는 동안은 다른 사람을 섬길 수 없다는 사실을 넌지시 말해 준다. 형제를 사랑하는 유일한 길은 내가 누릴 수 있는 권리, 당연히 내게 주어진 권리들을 그들을 위해 다 내려놓는 것이다. 빌립보 교회에 보내는 서신에서 바울은 예수 그리스도의 모습을 이렇게 표현했다.

> 그는 근본 하나님의 본체시나 하나님과 동등됨을 취할 것으로 여기지 아니하시고 오히려 자기를 비워 종의 형체를 가지사 사람들과 같이 되셨고 사람의 모양으로 나타나사 자기를 낮추시고 죽기까지 복종하셨으니 곧 십자가에 죽으심이라 빌 2:6-8

그렇다. 예수 그리스도는 하나님의 독생자의 권리마저도 우리를 위해 모두 내려놓으셨다. 하늘의 영광과 모든 권리, 심지어 아버지와의 친밀한 교제의 기쁨까지도 우리를 위해 모두 기꺼이 내려놓으셨다. 새 계명은 바로 '내가 너희를 위해 나의 권리를 기꺼이 포기한 것처럼, 너희도 다른 이들을 위해 그렇게 하라'는 주님의 부르심이 아닌가? 주님이 우리를 위해 하나님으로서의 특권들을 버리셨다면, 그보다 하찮은 권리를 가진 우리가 형제들과 하나님 나라를 위해 버릴 수 없는 것이 어디 있겠는가?

여러 해 전에 나는 삶의 갈림길에 선 적이 있었다. 내가 일하던 기독교 대학 안에 어려움이 생겼는데, 당시 나는 두 가지 길 중 하나를 택해야 했다. 나는 나의 직책과 관련하여 일어난 불의한 일을 묵인할 수도 있었고, 맡고 있던 교수직과 대학 연구소 소장직을 그만둘 수도 있었다. 나는 이 일을 놓고 기도하며 아내와 의논했다. 아내는 내게 주저 없이 이렇게 말했다. "지금까지 이런 일이 있을 때마다 우리는 새로 시작해야 했지요. 여러 번이나요. 그러니 또 다시 직장을 잃어버려도 괜찮아요. 저는 처음부터 다시 시작할 수 있어요. 저는 걱정하지 말고, 당신의 믿음을 따라 결정하세요." 이런 아내의 대답은 믿음 안에서 계속 걸어갈 수 있는 큰 용기를 주었다. 우리는 하나님 나라의 의, 이웃을 향한 사랑을 위해 기꺼이 우리의 모든 권리를 버릴 수 있는가? 참된 제자로서 대가 지불을 할 수 있는가?

우리에게는 각자 인간으로서 가지는 많은 권리가 있다. 행복하게 살 수 있는 권리, 내 꿈을 추구할 수 있는 권리, 다른 사람처럼 잘살 수 있는 권리, 나의 재산을 내 마음대로 사용할 수 있는 권리…. 하지만 그 모든 권리를 다 누리면서, 어찌 나를 넘어선 하나님 나라를 세울 수 있겠는가? 또 하나님의 사랑이 필요한 세상 사람들에게 하나님의 사랑을 알게 할 수 있을 것인가?

둘째, 예수님은 겉옷을 벗으셨다.

겉옷은 입은 사람의 '위치'와 '신분'을 나타낸다. 군인들의 겉옷을 보면 그들의 소속과 계급을 알 수 있다. 대학의 졸업식에 가면 총장과 학장들의 옷이 다르고, 어떤 학위를 받았는지와 어느 학교를 나왔는지에 따라 교수들이 걸친 겉옷이 각각 다르다. 예수님이 살던 당시에도 귀인들은 부드러운 옷을 입었으며, 선생들은 랍비임을 나타내는 겉옷을 입었다. 아마 예수님께도 누군가가 랍비의 옷을 마련해 드렸을지 모른다. 어쨌든 겉옷이란 그 사람의 신분을 보여 주는 사회적 지위와 권위의 상징이며, 그렇기에 겉옷을 벗는다는 것은 자기를 비우고 다른 사람처럼 되는 것을 의미한다.

예수님은 하나님 자신이셨다. 그러나 오직 우리를 섬기기 위해 예수님은 하나님과의 동등한 위치를 내려놓으셨고, 자기를 비워 우리처럼 되셨다. 그렇다면 하물며 우리가 자신의 위치나 신분을 주장하면서 다른 사람을 섬길 수 있겠는가? 다른 사람을 진정으로 사랑하려고 한다면 그 사람의 사정을 이해하고, 또 그 사람의 입장에 설 수 있어야 하지 않겠는가?

세상의 효과적인 경영 원칙은 주어진 일에 맞는 겉옷을 입는 것이다. 사람들은 하나님의 사역에도 이 원칙을 적용한다. 하나님의 사역을 효과적으로 해내려면 신학대학에 입학해서 공부하고, 안수를 받고, 목사와 박사와 정식 선교사의 겉옷을 입어야 한다고 말한다. 교회에서 예배를 드릴 때에도 우리는 서로 다른 종류의 많은 겉옷을 입는다. 설교자의 겉옷, 성가대의 겉옷, 안내자와 헌금 수거자의 겉옷 등…. 교회는 어느덧 겉옷을 입고 '섬기는' 곳이 되었다.

참된 선교사들은 선교지의 문화와 관습, 언어를 존중한다. 선교지 원주민들의 무지와 연약함, 사정들을 이해하고 동참하기를 원하기 때문이다. 자신들의 문화와 기준을 내밀며 원주민들이 거기에 따르게 하는 것이 아니라, 자신이 그들처럼 되어서 그들을 섬길 줄 아는 사람이 바로 참된 선교사다. 바울은 이방인들에게 복음을 전하기 위해 유대인들에게 가장 중요한 전통인 할례를 받는 일까지 내려놓았다. 예수님은 우리 인류에게 오신 참된 선교사로서 스스로 시험과 연약에 싸인 인생이 되셨다.

2. 두 번째 질문: "네 형제는 어디 있느냐?"

> 그가 시험을 받아 고난을 당하셨은즉 시험받는 자들을 능히 도우실 수 있느니라…그가 무식하고 미혹된 자를 능히 용납할 수 있는 것은 자기도 연약에 휩싸여 있음이라 히 2:18, 5:2

예수님은 하나님으로서 누릴 수 있는 전능함과 풍족함을 내려놓고 친히 인간의 연약함을 겪으셨다. 끼니를 거르면 배고픔을 느끼고 때로는 목마름을 느끼며, 걷거나 노동을 하면 지치고 피곤해지는, 우리와 똑같은 육체를 가지셨다. 성경 곳곳에는 예수님이 육체를 가지심으로 느끼셨던 여러 가지 모습이 나온다. 사마리아의 우물가에서 한 여인을 만났을 때도 예수님은 피곤하여 우물 곁에 앉아 계셨다. 제자들은 모두 허기를 채울 만한 것을 사러 동네에 들어가 있었고, 때마침 목이 마르셨던 예수님은 여인에게 물을 좀 달라고 청하셨다. 그리고 그 가운데에서 그 여인은 예수 그리스도의 참된 사랑을 발견했다.

예수님은 때로는 물러가 쉬기도 하시고, 풍랑 속에서도 곤히 잠드실 정도로 피곤하기도 하셨다. 또 "여우도 굴이 있고 공중의 새도 집이 있으되 인자는 머리 둘 곳이 없도다"(눅 9:5)라고 말씀하셨으며, "너희는 목숨을 위하여 무엇을 먹을까 무엇을 마실까 몸을 위하여 무엇을 입을까 염려하지 말라…공중의 새를 보라 심지도 않고 거두지도 않고 창고에 모아 들이지도 아니하되 너희 하늘 아버지께서 기르시나니"(마 6:25-26)라고도 말씀하셨다. 예수님은 왜 그렇게 말씀하셨을까? 친히 가난을 겪으셨으므로, 먹고살기 위해 염려하고 애쓰는 서민 생활의 어려움을 경험하고 아셨기 때문이다. 우리가 흔히 볼 수 있는 예수님의 초상화에는 훤칠한 키에 파란 눈과 노란 머리를 가진 잘생긴 남자의 얼굴이 그려져 있다. 누구라도 흠모할 만한 모습이다. 그러나 이사야서에 기록된 주님의 모습은 그와는 많이 다르다.

> 그는 주 앞에서 자라나기를 연한 순 같고 마른 땅에서 나온 뿌리 같아서 고운 모양도 없고 풍채도 없은즉 우리가 보기에 흠모할 만한 아름다운 것이 없도다 사 53:2

예수님은 태어날 때부터 십자가에서 돌아가실 때까지, 외모뿐 아니라 심령의 고통 모두 인간의 가장 천하고 힘든 밑바닥 길을 지나가셨다. 일부러 그 모든 것을 담당하셨으며, 이제 그러한 그분의 삶 안으로 우리를 초대하신다. 그리고 이렇게 물으신다. "내가 너희를 위해 겉옷을 벗은 것처럼 너희도 너희의 겉옷을 벗을 수 있겠느냐?"

형제들이여, 거룩하신 하나님이 우리를 위해 겉옷을 벗고 인생이 되셨다면, 벌레 같은 우리 인생이 벗지 못할 겉옷이 어디에 있겠는가? 그것이 교역자, 선교사라는 겉옷인가? 장로의 겉옷인가? 권사나 집사, 모임의 회장, 창립자, 지도자의 겉옷인가? 아니면 세상에서 우리가 소유하고 있는 재물이나 사회적인 지위와 명예인가? 혹은 부모와 어른이라는 권위의 겉옷인가? 우리가 벗기를 어려워하고, 또 벗기를 거절하고 있는 겉옷은 무엇인가? 예수 그리스도는 우리의 치유를 위해 하나님 독생자의 겉옷을 벗으셨다. 우리를 위해 친히 상처를 입는 삶을 사셨고, 우리 인생의 질고를 아시고 죄악을 담당하셨다. 하지만 주님이 제자들과 마지막으로 함께 보내셨던 그 밤에 제자들의 모습은 어땠는가?

예수님이 돌아가셨다. 그러나 그분의 마음을 이해하는 제자는 전혀 없었다. 그저 서로 누가 더 높으냐며 자신들의 위치만을 따지고 있었다.

오, 예수님은 잃어버린 인류를 위해 자신을 모두 버릴 것을 준비하고 계셨건만, 제자들은 물론 우리는 어떻게 행동하고 있었던가! 예수님이 왕이 되면 누가 더 높은 자리를 차지할까 생각하고 있지 않았는가? 예수님의 마음을 조금이라도 헤아린 자가 있기는 했는가?

이때 예수님의 마음을 생각해 보자. 예수님이 돌아가실 때, 그렇게 예수님이 사랑하며 기도해 주셨던 베드로 역시 예수님을 배반하고 말았다. 가장 중요한 사역을 함께 행하고, 모든 정성을 다해 사랑하고 기도해 주었던 수제자였는데도 말이다. 모든 제자가 다 그분을 떠났다. 신뢰함으로 돈주머니를 맡겼던 유다는 도리어 그분을 팔아넘겼다. 예수님은 그저 보통 사람들에게 거절당하셨던 것이 아니라, 가장 사랑했던 사람들에게 거절당하셨다. 그리고 십자가에서는 그토록 사랑하는 아버지에게까지 거절을 받으셨다. 그분은 이렇게 부르짖었다. "나의 하나님, 나의 하나님, 어찌하여 나를 버리십니까?"

셋째, 주님은 수건을 가져다가 허리에 두르셨다.

수건을 허리에 두르는 것은 섬기는 종들이나 하는 행동이다. 그분은 우리처럼 인간이 되셨을 뿐 아니라, 자기를 비우고 우리보다 더 낮아져서 종의 모습을 가지셨다. 다른 사람보다 더 낮은 곳에 있어야 그들의 발을 씻어 줄 수 있기 때문이다. 종은 어떤 사람인가? 사람들이 싫어하는 모든 궂은일을 다 감당하는 사람이다. 종에게는 무수한 책임이 주어지나, 권리는 전혀 주어지지 않는다. 제아무리 일을 열심히 잘하더라도, 아무도 상을 주지 않는다. 종은 맡은 일을 다 한 후에도 오해와 멸시, 조롱을 받는 것을 당연하게 여겨야 한다. 그런데 주님은 기꺼이 이런 종의 길을 선택하셨다. 하지만 우리는 조금의 멸시나 오해를 받는 것조차 얼마나 싫어하는지!

> 그는 멸시를 받아 사람들에게 버림받았으며 간고를 많이 겪었으며 질고를 아는 자라 마치 사람들이 그에게서 얼굴을 가리는 것 같이 멸시를 당하였고 우리도 그를 귀히 여기지 아니하였도다 사 53:3

헨리 나우웬은 《상처 입은 치료자》라는 자신의 책에서 "세상을 향한 하나님의 아픔을 함께 느끼게 될 때 비로소 우리는 진정한 사역을 할 수 있다"라고 했다. 얼마나 맞는 말인가? 너무나 자주 우리는 가난한 형제나 배우지 못한 형제, 홀로 설 줄 모르는 형제를 부끄럽게 만든다. 그리고 깨끗하다고 생각하는 자신의 소유인 수건을 높이 쳐들고, 다른 사람들의 발에는 더러운 것이 많이 묻어 있다고 지적하며 정죄한다. 그러나 주님은 이 수건을 허리에 두르셨다. 그분은 섬길 준비가 되어 있으셨던 것이다.

2. 두 번째 질문: "네 형제는 어디 있느냐?"

우리가 하나님 앞에서 주님처럼 깨끗한 수건을 준비해야 하는 이유는 무엇인가? 다른 이들의 더러움을 닦아 주기 위해서다. 주님이 죄 없는 삶을 사신 것은 우리의 허물과 죄를 담당하기 위해서였다. 수건의 존재 목적은 다른 이들의 약점을 포근하게 감싸 주고 더러움을 닦아 주기 위함이다. 수건은 비록 자기 자신은 더러워지고 낡아질지언정 다른 이들을 깨끗하게 해주고, 그들이 새로워지도록 섬긴다.

형제들이여, 우리가 다른 형제들의 발이 아직도 더러운 채로 있는 것을 본다면, 그것을 우리의 책임으로 여겨야 마땅하지 않겠는가? 그들의 발이 아직도 더러운 이유는 우리가 깨끗한 수건을 준비하지 못했기 때문이며, 형제들의 발아래 앉기를 거절했기 때문이 아니겠는가? 우리 그리스도인들이 마땅히 있어야 할 자리는 바로 다른 형제들의 발아래가 아닌가? 그러나 우리는 다른 이들의 발아래 앉기를 거절하면서 이렇게 말한다. "저 형제는 너무 거만해서, 아무리 노력해도 그의 발 앞에만은 앉을 수 없어." "저 사람은 아무래도 진짜 그리스도인이 아닌 것 같아." "그 사람이 먼저 나에게 잘못했기 때문에 그 사람이 먼저 사과하기 전까지는 나도 그를 찾아갈 수 없어."

그러나 오히려 우리는 주님께 이렇게 기도해야 한다. "주님, 제가 다른 이들의 발아래 앉기를 거절할 때면, 아담에게 물으신 것처럼 '네가 어디 있느냐?'라고 물어 주십시오. 그리고 제가 주님의 제자로서 마땅히 있어야 할 자리에 머물게 해주십시오."

예수님은 제자들에게 새 계명을 주신 후, 그 자리에서 바로 이렇게 말씀하셨다.

> 내가 너희에게 종이 주인보다 더 크지 못하다 한 말을 기억하라 사람들이 나를 박해하였은즉 너희도 박해할 것이요 요 15:20

분명히 우리는 우리의 주인이 되신 예수 그리스도보다 크지 못하다. 그런데 어찌 주인 되신 예수 그리스도보다 더 나은 대우를 받기 기대할 수 있겠는가? 우리 주인이 그렇게 종으로 사셨다면, 우리는 어떤 사람으로 살아야겠는가?

이 말씀을 묵상할 때, 주님은 나를 회개로 인도하셨다. 그리고 나는 오랫동안 우리의 교회 안에 무엇이 잘못된 것인지 궁금해하던 것에 대한 해답을 찾게 되었다. 잘못된 것은 교회가 아니라 바로 나 자신이었다. 내가 그리스도의 몸속에서 아픔을 느끼고 상처를 받았던 것은 다름 아닌 나의 잘못된 마음의 태도 때문이었다. 나는 나의 봉사와 헌신의 대가로 그래도 최소한의 신뢰는 돌아오리라 기대했다. 교회 안에 정의가 구현되어서 우리가 합당하게 대우받는 것이 당연하다고 생각했다. 나는 주님이 우리 그리스도인들에게 남기신 단 한 계명의 참된 뜻을 이해하지 못하고 있었다.

마지막으로, 예수님은 대야에 물을 담아 제자들의 발을 씻기기 시작하셨다. 한번은 팔레스타인에서 출토된 예수님 당시에 사용하던 대야의 사진을 본 적이 있다. 발 씻는 데 사용하는 대야였는데, 큰 돌을 깎아 그 안에 발 받침을 만들어서 그곳에 발을 올려놓고 씻게 되어 있었다. 예수님은 친히 그 무거운 대야에 물을 담아 오셔서 제자들의 발을 씻기셨다. 사랑의 진수는 사랑하는 사람들을 위해 수고를 마다하지 않는 데 있다. 예수님은 말과 혀로만 사랑한다고 하신 것이 아니라, 행함과 진실함으로 하셨다. 그분은 우리에게 참된 섬김을 보여 주셨다.

데살로니가에 보낸 편지에서 바울은 두 번이나 그들의 '믿음의 역사와 사랑의 수고와 소망의 인내'를 격려했다. 참된 믿음은 역사를 이루고, 참된 소망은 인내를 이룬다. 그와 같이 참된 사랑은 수고를 감당하는 것이다. 수고는 사랑의 가장 큰 특성이다. 행함이 없는 믿음은 죽은 믿음인 것처럼, 수고가 없는 사랑은 거짓된 사랑이다.

여러 해 전에 인도의 콜카타 거리에 버려진 아이들을 자식처럼 돌보며 평생을 드린 테레사 수녀가 돌아가셨을 때 나는 큰 슬픔을 느꼈다. 하지만 한편으로는 마음에 깊은 위로도 있었다. 내가 슬펐던 것은 하나님의 사랑을 알고 실천했던 한 위대한 여인이 우리의 곁을 떠나갔기 때문이었고, 위로를 받은 것은 진실로 위대한 하나님의 사람이 이 세대에 우리와 함께 살았다는 사실 때문이었다.

그날 나는 멀리 인도에서 중계되는 그분의 장례식을 보려고 한밤중까지 깨어 있었다. 관 속에 누워 있는 작은 여인의 모습이 텔레비전 화면에 비춰졌다. 그 여인이 살아온 생애에 온 세상이 존경을 표하고 있었다. 그리고 나는 묻고 있었다. 여기 누워 있는 이 작은 여인에게 온 세계가 이토록 경의를 표하는 이유는 무엇일까? 장례식이 진행되는 동안 하나님의 말씀이 조용히, 그러나 아주 또렷하게 낭송되고 있었다. 마태복음 25장 32-40절 말씀이었다.

> 모든 민족을 그 앞에 모으고 각각 구분하기를 목자가 양과 염소를 구분하는 것 같이 하여 양은 그 오른편에 염소는 왼편에 두리라 그때에 임금이 그 오른편에 있는 자들에게 이르시되 내 아버지께 복 받을 자들이여 나아와 창세로부터 너희를 위하여 예비된 나라를 상속받으라 내가 주릴 때에 너희가 먹을 것을 주었고 목마를 때에 마시게 하였고 나그네 되었을 때에 영접하였고 헐벗었을 때에 옷을 입혔고 병들었을 때에 돌보았고 옥에 갇혔을 때에 와서 보았느니라 이에 의인들이 대답하여 이르되 주여 우리가 어느 때에 주께서 주리신 것을 보고 음식을 대접하였으며 목마르신 것을 보고 마시게 하였나이까 어느 때에 나그네 되신 것을 보고 영접하였으며 헐벗으신 것을 보고 옷 입혔나이까 어느 때에 병드신 것이나 옥에 갇히신 것을 보고 가서 뵈었나이까 하리니 임금이 대답하여 이르시되 내가 진실로 너희에게 이르노니 너희가 여기 내 형제 중에 지극히 작은 자 하나에게 한 것이 곧 내게 한 것이니라 하시고.

장례식이 진행되는 동안 수많은 사람이 차례로 단상에 올라와 테레사 수녀의 삶에 대해 증언했다. 수많은 종교 지도자를 포함하여 많은 사람이 나왔다. 가톨릭과 신교를 포함해 불교, 힌두교, 시크교 등 여러 종교를 대표하는 이들을 포함하여, 아무 종교도 믿지 않는 사람들까지, 테레사 수녀를 알았던 모든 사람이 한 사람씩 나아와 테레사 수녀야말로 진실로 하나님의 사람이었다고 증언했다. 그 모습 속에서 나는 진실한 삶이 가져오는 참된 호소력을 보았다. 테레사 수녀는 자신의 삶을 온전히 하나님께 드려, 아무도 돌아보지 않는 가난한 사람들을 먹였고 병든 사람들을 돌보았으며 도움이 필요한 사람들을 찾아갔다. 테레사 수녀의 장례식 장면은 예수님의 말씀을 분명하게 증거하고 있었다.

> 너희가 서로 사랑하면 이로써 모든 사람이 너희가 내 제자인 줄 알리라
>
> 요 13:35

주님이 씻기시던 발

그 밤에 예수님은 어떤 사람들의 발을 씻기셨는가? 바로 그분을 따르는 제자들의 발이었다. 그런데 제자들은 약 3년 동안이나 예수님을 따라다녔지만, 그분의 마음을 전혀 이해하지 못했다. 그들은 서로 자신이 다른 사람보다 더 귀하다고 여겼다. '주님이 우리를 사랑하신 것처럼 사랑하는 것'은 착한 사람들, 우리를 이해해 주는 사람들의 발을 씻겨 주는 일이 아니다. 그보다 더 힘든 일이다. 자기만 높이는 사람, 우리를 이해하지 못하는 사람, 언제든 우리를 배신할 수 있는 사람들의 발을 씻기는 일이다.

예수님은 그처럼 사랑하고 정성을 쏟았던 사랑하는 수제자 베드로가 그날 밤에 그분을 부인할 것을 미리 알고 계셨다. 그래서 그에게 "오늘 밤 닭이 울기 전에 네가 나를 세 번 부인하리라"고 말씀하셨다. 또한 그분을 단순히 '모른다'고 하는 것이 아니라, 저주하며 부인할 것도 아셨다. 그러나 주님은 그 베드로의 발아래 앉으셨다.

세상에서 가장 큰 아픔 중의 하나는 사랑하고 신뢰했던 사람에게 배신당하는 일이다. 그래서 가까운 사람일수록 더 큰 아픔을 줄 수 있다. 그때 주님의 마음은 어떠했을까? 우리가 그렇듯 배신의 아픔과 갈등이 온 마음에 가득하셨을까?

그러나 예수님은 자신의 아픔은 개의치 않으셨다. 오히려 그분은 주고 또 주는 사랑을 하셨다. 그분은 아마도 베드로의 발을 씻기면서 이렇게 축복하셨을 것이다. "아버지, 이 베드로가 돌이킨 후에는 이 발로 사랑의 복음을 전하러 다니게 하소서." 주님은 베드로뿐 아니라 제자들 모두 그날 밤에 주님을 버리고 도망할 것도 아셨다. 그래서 "너희가 이 날 밤 다 나를 버리리라"고 말씀하셨다. 그러나 결코 그들을 저주하지 않으시고, 조금 후면 그분을 버리고 떠날 그들의 발을 일일이 씻기며 복 주셨다.

성경을 자세히 살펴보면, 예수님이 가룟 유다의 발도 씻기신 것이 확실하다. 성경에 그의 발은 제외되었다는 기록이 없을 뿐만 아니라, 제자들의 발을 다 씻기셨다고 기록된 후까지 그가 그들과 함께 있던 것으로 기록되어 있기 때문이다. 발을 다 씻기시고 "너희 중 하나가 나를 팔

2. 두 번째 질문: "네 형제는 어디 있느냐?"

리라"고 하신 후에야 유다가 예수님을 팔려고 나가는 모습이 나온다.

나는 예수님이 가룟 유다도 마지막까지 사랑하셨으리라 생각한다. 성경은 예수님이 "너희 중에 하나가 나를 팔리라"고 말씀하셨을 때 예수님의 심령이 민망하셨다고 성경이 증거한다. 별 관계없이 지냈던 '너희 중에'가 아니라, '나와 같이 생사고락을 같이 했던 너희 중 하나가, 내가 그렇게 사랑을 부어 주었던 너희 중 하나가' 자신을 팔 것이라고 말씀하시는 그분의 심령이 얼마나 고통스러우셨을까. 예수님은 마음이 매우 아프셨다. 나는 예수님의 그 아픔이 자신을 위한 아픔만이 아니라 유다를 위한 아픔이었다고 생각한다. 유다에게 "네가 차라리 나지 않았으면 좋을 뻔하였다"라고 하신 것은 주님의 안타까운 마음이 담긴 표현이 아니었을까?

바울은 고린도 교회에 보낸 서신에서 '사랑은 다른 사람의 최선을 바라고 믿어 주고 참아 주는 것'이라고 말한다. 물론 예수님은 유다의 행동이 어떠한지 잘 알고 계셨다. 그가 돈궤에서 돈을 도적질하고 있다는 사실도 알고 계셨다. 그러나 한 번도 그 돈궤를 빼앗아 다른 제자에게 맡기지 않으셨다. 예수님은 유다가 자신을 배반하리라는 것도 물론 알고 계셨다. 그러나 그분은 마지막 순간까지 유다에게 최선의 것을 바라셨다. 예수님이 유다에 관하여 인용하신 성경 구절은 다음의 시편 말씀이었다.

내가 신뢰하여 내 떡을 나눠 먹던 나의 가까운 친구도 나를 대적하여

그의 발꿈치를 들었나이다 시 41:9

이 시편은 배반한 자가 바로 '내가 신뢰하던' 친구였다고 말한다. 나는 이 말씀이 유다의 사람됨과는 상관없이 온 힘을 다해 유다를 사랑하고 믿어 주신 예수님의 마음을 표현한 것은 아닐까 생각한다.

나를 책망하는 자는 원수가 아니라 원수일진대 내가 참았으리라 나를 대하여 자기를 높이는 자는 나를 미워하는 자가 아니라 미워하는 자일진대 내가 그를 피하여 숨었으리라 그는 곧 너로다 나의 동료, 나의 친구요 나의 가까운 친우로다 우리가 같이 재미있게 의논하며 무리와 함께하여 하나님의 집 안에서 다녔도다 시 55:12-14

예수님이 어려움에 부딪치셨을 때 예수님을 버리고 배반하고 팔았던 사람들은, 바로 그분과 함께 생활하고 교제하며 그분의 집에서 함께했던 사람들이었다. 그들은 예수님이 그토록 온 힘을 다해 사랑하고 신뢰를 보내셨던 이들이었다. 그렇다. 예수님은 그분의 사랑과 신뢰를 배신할 것을 아시면서도 제자들의 발을 씻겨 주셨다. 예수님은 우리를 섬긴 대가, 우리를 사랑한 것에 대한 대가로 무엇이 돌아올지 뻔히 아시면서도 우리를 사랑하시는 분이다.

이 사랑은 바로 하나님의 사랑이었다. 조건 없는 사랑, 내게 돌아올 보답을 바라지 않는 사랑, 사랑의 대가가 다름 아닌 배반과 아픔일지라도 상관없이 사랑하는 사랑이었다. 예수님은 제자들을 사랑하시되, '끝까지' 사랑하셨다. 이렇게 인생을 사랑한 분은 아무도 없었다. 그분이 우리를 사랑하신 것처럼 우리가 서로 사랑한다면, 세상은 아무 데서도 경험해 보지 못한 사랑을 맛볼 것이다. 또한 우리가 예수 그리스도의 제자인 줄을 세상이 알게 될 것이다.

그리스도의 몸 가운데서도 우리는 섬김의 대가로 아픔과 배반을 맛볼 수도 있음을 예상해야 한다. 이 세상과 이 세상의 아픔을 끌어안아야 하는 교회에는 사랑할 줄 모르고 사랑받을 줄 모르는, 상처와 아픔을 가진 사람들이 많기 때문이다.

세상은 참된 사랑을 만나기 위해 울부짖고 있다. 예수님은 사랑의 절정은 친구를 위해 자기 목숨을 버리는 것이라고 하셨다. 하지만 주님은 우리가 아직 그분을 대적하고 있었을 때, 아직 그분을 잘 알지 못했을 때 우리를 위해 자기 목숨을 버리셨다. 우리가 세상에 줄 수 있는 것이 하나 있다면, 이 하나님의 사랑을 나누는 일이다. 이것이 바로 주님이 우리에게 명하신 단 하나의 계명이다.

'서로 사랑하라'는 말씀은 다른 사람이 날 사랑해 줄 때까지 기다렸다가 사랑하라는 뜻이 아니다. 오히려 다른 사람이 나를 사랑하지 못할 때, 나를 미워할 때, 나를 시기할 때, 나에게 어려움을 줄 때, 그때 내가 먼저 조건 없이 사랑하는 것을 의미한다. 그 사랑만이 '서로 사랑'을 이룰 수 있다.

비록 사랑해야 할 대상이 끝없이 나를 거절하고 아프게 할지라도

"이래도 사랑하겠느냐?", "이래도 용서하고 섬기겠느냐?"고 질문하시는 하나님께 "예"라고 대답할 수 있는가? "내가 너희를 사랑한 것 같이 너희도 서로 사랑하라"고 하신 하나님의 그 사랑이 우리 가운데 있다면, 참된 그리스도의 공동체가 우리 안에서 회복될 것이다. 그리고 하나님의 사랑으로 온전케 된 우리를 세상이 보게 된다면, 하나님이 그분의 독생자를 세상에 보내셨으며 아들을 사랑하신 것 같이 우리도 사랑하신 것을 세상도 알게 될 것이다.

예수 그리스도의
씻겨지지 않은 발

나는 예수님이 제자들의 발을 씻겨 주시던 마지막 날 밤의 일들을 묵상하던 중, 안타까운 마음과 함께 한 가지 의문도 생겼다. 예수님이 제자들의 발을 다 씻겨 주셨다는 기록은 있지만, 제자들 중 누군가가 예수님의 발을 씻겨 드렸다는 기록은 왜 없을까? 이 이야기가 이렇게 끝나야만 했을까? 만약에 제자들이 회개하면서 예수님의 발을 씻겨 드리는 것으로 이야기가 이어졌다면 얼마나 아름다웠을까? "예수께서 제자들의 발을 다 씻기시니 베드로가 곧 뉘우치고 일어나 예수의 발을 씻겼더라", 혹은 "예수의 사랑하는 제자 요한이 일어나 눈물로 예수의 발을 씻겼더라"고 기록되었으면 얼마나 아름다운 광경이었겠는가?

그러나 주님과 마지막 만찬을 함께했던 제자들 중에서 단 한 명이라도 그분의 발을 씻겨 드렸다는 기록은 없다. 나는 안타까운 마음으로 주님께 여쭈어 보았다. "주님, 왜 제자들 중에 아무도 주님의 발을 씻겨 드리지 않았습니까?" 그때 주님은 내 마음속에 이렇게 말씀하셨다. "나의 발은 아직도 씻겨지지 않은 채로 있다!"

이 말씀은 내 마음을 두드리기 시작했다. 주님의 발은, 우리를 위해 갈보리의 길을 걸어가신 그 발은, 우리를 위해 십자가에 오르신 그 발은, 하나님의 진실한 사랑이 아직도 닿지 못한 우리의 가정 안에, 우리의 교회 안에, 우리의 직장 안에, 우리의 이웃 중에, 시장터에, 길거리에, 혹은 멀리 있는 선교지에 아직도 씻겨지지 않은 채로 있다. 주님은 이렇게 말씀하셨다.

> 내가 진실로 너희에게 이르노니 이 지극히 작은 자 하나에게 하지 아니한 것이 곧 내게 하지 아니한 것이니라 마 25:45

오, 형제여! 우리는 우리의 섬김과 사랑이 필요한 지극히 작은 자의 발을 씻어 주지 않고 있다. 그래서 우리 주님의 발은 아직도 씻기지 않은 채로 있다. 우리가 저녁 먹던 자리에서 일어나기를 거절하고 있기 때문에, 우리가 우리의 두른 겉옷들을 벗기 싫어하기 때문에, 우리가 종의 모습을 가지고 허리에 수건 두르기를 원치 않기 때문에, 우리가 행함과 진실함으로 대야에 물을 담아 옮기는 수고를 기꺼이 하지 않기 때문에, 우리 주님의 발은 아직 씻기지 아니한 채로 있다. 대체 누가 우리 주님의 발을 씻겨 드릴 것인가?

**주님의 발을
어떻게 씻겨 드릴까**

예수님이 돌아가시게 될 유월절이 이르기 엿새 전, 마리아와 마르다, 나사로가 살던 마을에서 예수님을 위한 잔치가 열렸다. 그때 마리아는 순전한 나드 한 근이 들어 있는 옥합을 가지고 와서 그것을 깨뜨려 예수님의 발에 부었다.

> 마리아는 지극히 비싼 향유 곧 순전한 나드 한 근을 가져다가 예수의 발에 붓고 자기 머리털로 그의 발을 닦으니 향유 냄새가 집에 가득하더라
>
> 요 12:3

나는 이 마리아의 행동을 묵상해 보면, 우리가 어떻게 주님의 발을 씻겨 드려야 하는지를 알 수 있다고 생각한다.

첫째, 그 여인은 자신이 가진 가장 귀한 것으로 예수 그리스도의 발을 씻겨 드렸다. 성경은 이 여인이 매우 값진 향유를 가져와 예수님의 발을 씻겼다고 기록한다. 예수님을 섬기는 일은 우리가 사용하다가 남은 자투리가 아니라, 우리의 삶에 가장 귀중한 것으로 하는 것이다. 그리스도의 발을 씻기는 일은 우리의 인생에서 하고 싶은 모든 일을 한

후 나머지 시간에 여가로 할 수 있는 것이 아니다. 우리의 삶에서 가장 귀중한 것을 드릴 때, 우리는 이 여인이 그랬던 것처럼 아무도 씻겨 드리지 않은 예수 그리스도의 발을 씻겨 드릴 수 있을 것이다.

둘째, 그 여인은 순전한 것을 드렸다. 성경에는 그 여인이 '순전한' 나드 향유 한 근을 가져왔다고 한다. 순전하다는 말은 다른 것이 전혀 섞이지 않았다는 뜻이다. 그리스도의 몸 가운데서 다른 사람을 섬기거나 봉사를 하거나 헌금을 하면서 명예와 칭찬과 보상을 기대한다면, 그 동기는 절대로 순전하지 않은 것이다. 우리가 하는 모든 섬김은 단지 나를 먼저 사랑하신 예수님의 사랑 때문에, 내가 조건 없는 하나님의 그 사랑을 받았기 때문에, 나도 아무 조건 없이 드리고 섬기는 사랑이어야 할 것이다.

셋째, 그 여인은 겸손으로 섬겼다. 그 여인은 예수님의 발에 향유를 붓고 나서, 그분의 발을 자기의 머리털로 닦아 드리려고 그분의 발아래 앉았다. 다른 사람의 발아래에 기꺼이 즐거움으로 앉을 수 있다는 것은 참된 겸손의 마음을 보여 준다. 여인의 영광인 머리를 풀어서 그것으로 주님의 발을 씻기는 그 겸손은, 예수님의 발에 끊임없이 입 맞추던 참 사랑이 아니면 가능하지 않았으리라.

넷째, 그 여인은 계산하지 않는 사랑을 드렸다. 제자들은 여인이 그 귀한 향유를 다 쏟아 예수님의 발을 닦는 모습을 지켜보는 동안, 소비한 향유의 값이 얼마인지 금방 계산을 해냈다. 그리고 "더 좋은 일에 쓸 수 있었을 텐데"라며 불평했다. 그러나 이 여인은 계산하지 않았다. 형제여, 우리의 헤아리는 그 헤아림으로 우리는 헤아림을 받을 것이며, 우리가 헤아리지 않는 섬김과 사랑을 할 때 하나님의 헤아림 없는 은혜와 사랑이 있을 것이다.

계산하지 않는 사랑이 중요하다. 우리의 재물이 있는 곳에 우리의 마음도 있기에, 우리의 재물이 사용되는 곳들을 볼 때 우리가 참으로 사랑하는 것들이 무엇인지 알 수 있다. 우리가 가장 사랑하는 것들은 결코 어떤 재물과도 비교할 수 없는 것이기 때문이다.

다섯째, 그 여인은 자신의 부끄러움을 돌아보지 않았다. 그 여인은 자기 머리를 풀었다. 그 당시 유대의 관습에 의하면, 몸을 파는 여자들이 아니면 여자들은 공공장소에서 머리를 풀지 않았다. 우리나라에도 옛날에는 비슷한 관습이 있었다. 처녀들은 머리를 땋았고 결혼을 하면 머리에 쪽을 쪄 올렸다. 죄를 짓거나 상을 당해서 자신을 죄인처럼 여기는 자리가 아닌 이상 공개 석상에서는 머리를 풀지 않았다. 그러나 이 여인은 예수님의 발을 씻겨 드리기 위해 머리를 풀었다. 여인은 다른 사람들의 눈에 자신이 어떻게 보일지 걱정하지 않았다.

예수님도 야곱의 우물가에서 한 불쌍한 영혼인 사마리아 여인을 만나셨을 때 다른 사람들의 이목을 개의치 않으셨다. 그 여인은 유대인들이 상대조차 하지 않으려던 사마리아인이었고, 사생활이 깨끗하지 않아서 마을 사람들도 상대하지 않는 여인이었다. 그러나 예수님은 그런 것들을 괘념치 않으셨다. 그분은 기꺼이 세리와 죄인의 친구가 되시는 분이었다.

2. 두 번째 질문: "네 형제는 어디 있느냐?"

사랑에 붙잡힐 때 우리는 부끄러움을 개의치 않는다. 예수님은 그 앞에 있는 즐거움을 위해, 즉 우리 인생들에게 참 자유를 주시기 위해 공중 앞에 벌거벗기어 죄인으로 십자가 위에서 처형되는 부끄러움을 괘념치 않으셨다.

마지막으로, 그 여인은 한 번 깨뜨리면 다시 붙일 수 없는 옥합을 깨뜨려 예수님의 발을 씻겨 드렸다. 예수님의 발을 씻겨 드리기 위해 이 여인은 자기의 향유 옥합을 깨뜨려야 했다. 옥합은 한 번 깨뜨리면 다시 본래대로 회복할 수 없다. 즉, 그 여인은 다시 회복할 수 없는 것을 드렸다. 하나님은 우리를 옥합과 같이 아름답게 빚으시고, 그 안에 그리스도 생명의 향기로 채워 주셨다. 그러나 향기가 발하기 위해서는 우리 자신이라는 그릇이 깨져야 한다. 우리는 모두 단 한 번 밖에 없는, 오직 하나의 인생을 소유하고 있다. 우리의 삶은 한 번 세상에 던져지면 다시 한 번 살 수 없는 삶이다. 그러면 무엇을 위해 이런 우리의 옥합을 깨뜨려야 할까? 이 한 번밖에 없는 인생을 무엇을 위해 살아야 할까? 아직 씻겨지지 않은 주님의 발을 씻어 드리기 위해 깨지는 것보다 더 귀중한 일은 없다.

나는 내 생명이 다한 후 주님 앞에 설 때, 깨지지 않은 옥합을 그대로 들고 나가게 될까 두렵다. 믿음의 길은 가장 용기 있는 자들만이 걷는 길이다. 당신도 당신의 삶을 기꺼이 주님께 소모품으로 드리지 않겠는가? OM 선교회의 창시자인 조지 바워는 《하나님을 향한 갈망》이라는 책에서 이렇게 말한다.

오늘날 수많은 젊은이가 하나님을 섬기는 마음과 열정으로 선교에 뛰어들지만, 정말 주님을 위한 소모품이 되기로 결정한 사람은 너무나 적다. 주님을 위해서 자신의 삶을 허비하기로 결정한 사람이 너무나도 적다.[2]

많은 사람이 선교 사역을 통해 큰 인물이 되려고 한다. 크고 위대한 사역을 주관하는 사람이 되려고 한다. 그러나 우리는 우리 주님이 자기의 삶을 기꺼이 버리신 것을 잊어버린다. 우리는 너무나 빨리 가치 있는 사람이 되어 버린다. 오늘날, 양 아흔아홉 마리를 두고 잃어버린 양 한 마리를 찾아다니는 목자를 어디에서 찾을 수 있는가?

제자들의 발을 씻기신 후 주님은 "내가 너희에게 행한 것 같이 너희도 행하게 하려 하여 본을 보였노라"(요 13:15)고 하셨다. "사람이 나를 섬기려면 나를 따르라"(요 12:26)고 말씀하셨고, 또 "누구든지 나를 따라오려거든 자기를 부인하고 자기 십자가를 지고 나를 따를 것이니라"(마 16:24)고 말씀하셨다. 십자가의 길은 세상이 보기에 어리석은 길이지만, 나를 깨뜨려 드릴 수 있는 가장 큰 하나님의 능력이다. 우리가 깨질 때만이 우리 안에 하나님의 생명이 나타나기 때문이다.

주님은 이렇게 말씀하셨다.

> 온 천하에 어디서든지 복음이 전파되는 곳에는 이 여자가 행한 일도 말하여 그를 기억하리라 막 14:9

우리가 복음을 전파하는 이유는 하나님의 사랑을 아직 알지 못하는 사람들이 그분의 사랑을 알게 하기 위함이다. 그것은 예수님이 우리의 발을 씻기시며 사랑을 보여 주셨던 것과 같다. 하나님의 사랑을 아직 경험하지 못한 자들의 발, 아직 씻겨지지 않은 그리스도의 발을 씻는 것과 같다. 이 향유가 깨질 때 온 집 안에 향유 냄새가 가득했다고 기록된 것처럼, 우리가 우리의 옥합을 깨뜨려 예수님의 발을 씻길 때 온 세상은 하나님을 아는 향기로 가득할 것이다.

주님은 우리를 초청하신다. "너는 음식을 먹던 자리에서 일어나겠느냐? 너는 기꺼이 네 겉옷을 벗을 수 있겠느냐? 즐거이 종으로서 허리에 수건을 두르겠느냐? 대야에 물을 떠 나르는 수고를 하겠느냐? 기꺼이 다른 사람의 발밑에 앉겠느냐? 한 번밖에 없는 네 인생을, 아직도 씻겨지지 않은 나의 발을 씻는 데 부어 줄 수 있겠느냐?"

그래서 나는 이런 기도를 드린다.

주님, 제가 주님 앞에 서는 날,
주님께 다른 자랑스러운 보고는 드리지 못해도
주님이 제게 "너는 내 계명을 지켰느냐?"라고 물으실 때
"그렇습니다. 주님이 주신 그 한 가지 계명을 지키기 위해 살다가 왔습니다"
라고 대답할 수 있는 사람이 되게 해주십시오.

사래의 여종 하갈아
네가 어디서 왔으며 어디로 가느냐
그가 이르되 나는 내 여주인 사래를 피하여
도망하나이다(창 16:8).

3. 세 번째 질문
"네가 어디서 왔으며 어디로 가느냐?"
부르심을 따라 산다는 것

아브람은 오랫동안 하나님의 말씀을 따라 믿음의 길을 걸었다. 하나님은 그의 걸음에 복을 주셨고, 아브람의 집을 창성하게 하셨다. 그런데 하루는 하나님이 자녀가 없던 아브람을 데리고 나가 하늘의 수많은 별을 보이시며, 그의 몸에서 태어날 자손을 하늘의 별처럼 많게 해주겠노라고 약속하셨다. 하지만 그의 아내 사래는 그동안 아이를 낳지 못했을 뿐 아니라, 이제는 나이가 많아 아이를 가지는 것 자체가 불가능해 보였다. 그래서 사래는 자기의 젊은 여종 하갈을 남편 아브람에게 첩으로 주어 아이를 갖게 했다. 하지만 곧 주인의 아이를 잉태한 하갈은 여주인 사래를 깔보기 시작했다. 화가 난 사래는 하갈을 학대하기 시작했고,

견디지 못한 하갈은 아이를 밴 몸으로 갈 곳도 없이 아브람의 집을 뛰쳐나왔다. 그런데 도망쳐 나온 하갈이 수르라는 곳으로 향하는 길옆 사막의 샘에 이르렀을 때, 주님의 천사가 그를 찾아와 이렇게 물었다. "**사래의 여종 하갈아, 네가 어디서 왔으며, 어디로 가는 길이냐?**"

성경에는 하갈이 이집트 출신이며 아브람의 아내 사래에게 속한 젊은 몸종이었다는 것 외에는 별다른 기록이 없다. 창세기 12장에는 기근을 피해 이집트에 간 아브라함이 미모의 아내 때문에 생명의 위협을 느낀 나머지 사래를 누이라고 속여, 사래가 파라오에게 불려 갔다가 돌려보내진 기록이 있다. 근동에 전해 내려오는 이야기에 의하면 하갈은 그때 파라오가 사래에게 자신의 잘못에 대한 보상으로 준 여종이며, 사래가 가까이 두고 아꼈던 몸종이었다고도 한다.[3]

나이가 많았던 사래는 자신이 아이를 가질 수 없음을 알고, 당시 근동 지방의 풍속을 따라 자기의 종인 하갈을 아브람에게 첩으로 주어 대를 잇게 했다. 이 일을 보면 아마도 하갈이 사래를 잘 섬겼고, 사래도 하갈을 신뢰했던 듯하다. 그렇지 않았으면 가정의 상속자를 낳기 위한 첩으로 하갈을 삼아 아브람에게 주지 않았을 것이다.

한갓 미천한 몸종이었던 하갈은 하루아침에 당시의 큰 부자였던 아브람의 아내가 되었을 뿐만 아니라, 그 가정 전체의 상속자가 될 자식을 잉태하게 되었다. 여주인과 여종의 관계가 변하기 시작한 것은 바로 그때부터였다.

당시의 여자들에게 대를 이어갈 자식을 낳는 일은 인생에서 가장 중

---

3. 세 번째 질문: "네가 어디서 왔으며 어디로 가느냐?"

요한 일 중 하나였다. 하갈은 여주인 사래가 하지 못한 일을 이루었고, 아브람의 사랑과 총애를 받는 젊은 아내로서 자신의 앞날이 밝아 오고 있음을 느꼈다. 그러자 마음속에 자만심이 싹트면서, 그동안 자신이 섬겨 왔던 여주인 사래가 이제는 '아내의 역할을 다하지 못한 시들어 가는 늙은 여자'로 보이기 시작했다. 사래를 대하는 하갈의 태도는 점점 변해 갔고, 하갈은 심지어 사래를 얕잡아 보기 시작했다.

사래는 자신이 신뢰하여 큰 은혜를 베풀어 주었던 하갈이 이제는 자신을 멸시하는 것을 느꼈다. 이러한 변화가 확실히 느껴지자, 더는 이를 견딜 수 없었던 사래는 아브람에게 항의했다. 그러자 아브람이 사래에게 "하갈은 당신의 여종이니 당신의 마음대로 하시오. 당신이 좋을 대로 그녀에게 대하시오"라고 대답했다. 이때부터 사래는 하갈을 힘들게 하기 시작했다.

아마 하갈은 이런 상황을 전혀 예상하지 못했을 것이다. 자신을 보호해 주리라 생각했던 아브람은 자신을 전혀 지켜 주지 않았고, 사래의 분노와 핍박은 도저히 견딜 수 없을 정도로 심해졌다. 급기야 하갈은 무거운 몸으로 아브람의 집에서 정처 없이 도망을 나왔다. 그리고 어느덧 더 길을 가지 못하고 사막의 샘 곁에서 지친 채로 망연자실하여 있는 하갈에게 천사가 다가와 이렇게 묻는다. "사래의 여종 하갈아, **네가 어디서 와서, 어디로 가는 길이냐?**"

천사는 그녀를 부를 때 "하갈아"라고 부르지 않고 "사래의 여종 하갈아"라고 불렀다. 하갈은 사래에게서 벗어나고 싶어 했지만, 하나님은 아직 그녀를 '사래의 여종'이라 부르고 계셨다. 이처럼 우리의 바람과 하나님의 뜻이 다를 때가 있다. 하갈은 천사에게 "나의 여주인 사래에게서 도망하여 나오는 중입니다"라고 있는 그대로 대답했다. 그러나 "어디로 가는 길이냐?"라는 질문에는 대답하지 못했다. 사는 것 자체가 너무나 고통이었던 하갈에게는 아무런 목적지가 없었기 때문이다. 그때 하나님의 천사가 이렇게 말했다. "네 여주인에게로 돌아가서 그 수하에 복종하라…내가 네 씨를 크게 번성하여 그 수가 많아 셀 수 없게 하리라…네가 임신하였은즉 아들을 낳으리니 그 이름을 이스마엘이라 하라 이는 여호와께서 네 고통을 들으셨음이니라"(창 16:9-11).

천사에게 위로의 권면을 들은 하갈은 다시 여주인에게 돌아갔다. 이전까지 하갈은 보이고 만져지는 것을 통해 부푼 꿈을 가졌지만, 그것들은 자만과 관계의 어려움, 낙망만을 가져다주었다. 그러나 이제 하갈은 하나님이 주신 새로운 꿈으로 말미암아 앞날의 소망을 가지고 오랜 세월을 견디고 복종하며 살게 되었다.

1장에서 나는 미국에 이민을 오자마자 야채 가게를 운영하던 힘든 시기에 아버님과의 관계가 힘들었던 일에 대해 잠깐 이야기했다. 어릴 때부터 나는 아버님께 대들거나 거역한 적이 단 한 번도 없었다. 하지만 아버님과 함께 일하는 동안 아버님과의 관계가 점점 힘들어졌다.

그러던 어느 날이었다. 그날도 새벽부터 일어나 한낮까지 바쁘게 일하고 있는데, 아버님이 오셔서 이것저것 내 마음에 받아들이기 어려운 말씀을 하셨다. 그래서 그날은 하나님께 이렇게 말씀드렸다. '하나님,

제가 여기서 더 일했다가는 마음만 점점 더 나빠지고 아무에게도 도움이 되지 않을 것 같습니다. 제 마음만 팍팍해지고, 아버지와의 관계도 나빠지고, 하나님께도 영광이 되지 않을 듯합니다.' 그리고 도저히 더는 견딜 수 없어서, 일하던 것들을 내려놓고 가게 뒷문을 쾅 닫아 버리고 그곳을 뛰쳐나왔다.

그리고 뉴욕의 골목길을 걸어가는데, 마음이 너무 슬펐다. 골목길을 터벅터벅 걷는 내 눈에서 하염없이 눈물이 흘렀다. 지금까지 순종하며 힘든 일을 모두 버틴 것은 하나님이 맡기신 일이라 믿기 때문이었는데, 그 생각이 틀린 듯만 했다. 아무런 열매가 없어 보였다. 결국 내 이성은 '이제는 아버님과 결별을 하고 나만의 길을 가야 할 때인가 보다. 아마도 그것이 모든 사람에게 최선의 길일 것이다'라고 결론을 내렸다. 그러나 한 가지 마음에 걸리는 것이 있었다. '이 어려운 때에 아버님을 떠나는 것이 정말 하나님의 뜻인가?'라는 점이었다. '나의 삶의 주인은 예수님이다. 그렇다면 무슨 일이 있어도 주님이 주신 길을 걸어가야지, 아무리 아프고 힘들다 해도 내 뜻대로 그만둘 수는 없지 않은가?'

그래서 마지막으로 다시 한 번 주님께 물어보기로 했다. 하지만 문제가 있었다. 나의 기본적인 마음이 아픔과 상처, 떠나고 싶은 바람으로 가득 차 있는데, 내 마음에 조용히 말씀하시는 하나님의 말씀을 어떻게 분별할 수 있겠는가?

그때 주머니 안에서 동전이 한 개 만져졌다. 그리고 기드온이 양털을 가지고 하나님의 뜻을 물었던 것이 기억났다. 그래서 주님께 이렇게 말씀드렸다. '주님, 제가 이제 이 동전을 세 번 던지겠습니다. 만약 제가 다시 아버님께로 돌아가 일하기 원하시면, 세 번 다 앞면이 나오게 해 주십시오. 한 번이라도 뒤가 나오면 이곳을 떠나겠습니다.' 걸으면서 동전을 첫 번째로 던졌다. 앞면이 나왔다. 그때 내 마음에 '아, 하나님이 말씀하시는구나. 세 번 다 앞이 나오겠구나'라는 생각이 들었다. 하지만 그것을 받아들이기 어려웠다. 하나님은 우리의 사정을 다 아시는 분이며 또 자비로우신 분이니, 혹시 모른다는 생각도 들었다. 두 번째로 동전을 던졌다. 또 앞면이 나왔다. 그리고 세 번째 던질 때 나는 앞면이 나올 줄 알면서 다시 던졌다. 역시나 앞면이었다. 나는 발걸음을 다시 돌렸다. 쾅 닫고 나온 뒷문으로 다시 들어가, 아버지께 죄송하다고 용서를 구하고 일을 계속했다.

우리는 어디에서 와서 어디로 가는가?

우리는 어디에서 와서 어디로 가는가? 아담이 죄를 범한 후 하나님은 그에게 이렇게 선고하셨다.

> 너는 흙이니 흙으로 돌아갈 것이니라 창 3:19

동방의 의인이자 엄청난 부자였던 욥은 가지고 있던 모든 것을 하

---

3. 세 번째 질문: "네가 어디서 왔으며 어디로 가느냐?"

루아침에 다 잃었다. 그렇게 많았던 재산과 일꾼들, 자녀들, 그리고 심지어 건강까지도 잃었다. 그를 존중했던 친구들은 돌변하여 그를 정죄했고, 하나님이 내리신 재앙을 본 그의 아내는 그에게 "차라리 하나님을 저주하고 죽으라"고 말했다. 온몸에 난 악창 때문에 너무나 괴로워 죽고 싶었지만, 죽음마저 그를 찾아와 주지 않았다. 그러나 욥은 이렇게 고백했다.

> 내가 모태에서 알몸으로 나왔사온즉 또한 알몸이 그리로 돌아가올지라 주신 이도 여호와시요 거두신 이도 여호와시오니 여호와의 이름이 찬송을 받으실지니이다 욥 1:21

불교에는 이러한 가르침이 있다.

空手來空手去是人生 공수래공수거시인생
빈손으로 와서 빈손으로 가는 것이 인생이라

生從何處來 死向何處去 생종하처래 사향하처거
생명은 어디에서 왔으며 죽은 후에는 어디로 가는가?

生也一片浮雲起 생야일편부운기
태어나는 것은 한 조각의 뜬구름이 일어나는 것이요

死也一片浮雲滅 사야일편부운멸
죽는다는 것은 그 한 조각의 뜬구름이 사라지는 것이다 [4]

지혜자였던 솔로몬도 전도서에서 이렇게 말했다.

헛되고 헛되며 헛되고 헛되니 모든 것이 헛되도다 해 아래에서 수고하는 모든 수고가 사람에게 무엇이 유익한가 한 세대는 가고 한 세대는 오되 땅은 영원히 있도다 전 1:2, 4

우리 인생은 어디에서 와서 어디로 가는가? 인생에게 이보다 더 중요한 질문은 없다. 하지만 우리가 어디에서 와서 어디로 가는지 알지 못한다면, 과연 어떠한 목표를 가지고 살아야 하는가? 잠시 왔다가 돌아가는 우리 인생은 무엇인가? 전도자의 말처럼 해 아래에는 헛된 수고뿐이며, 모든 인생이 하는 일이 이미 이전 세대가 했던 것을 반복하는 것에 지나지 않는다면, 우리의 삶은 무슨 의미가 있는가? 우리는 왜 이곳에 존재하는가?

우리가 무엇 때문에 이 세상에 왔으며, 이 세상에서의 삶을 마친 후에 어디로 돌아가는지 아는 사람은 복된 사람이다. 예수님은 이렇게 말씀하셨다.

나는 내가 어디서 오며 어디로 가는 것을 알거니와 요 8:14

제자들과의 마지막 만찬 때의 예수님의 모습에 대해 성경은 이렇게 기록하고 있다.

3. 세 번째 질문: "네가 어디서 왔으며 어디로 가느냐?"

유월절 전에 예수께서 자기가 세상을 떠나 아버지께로 돌아가실 때가 이른 줄 아시고 세상에 있는 자기 사람들을 사랑하시되 끝까지 사랑하시니라 저녁 먹는 중 예수는 아버지께서 모든 것을 자기 손에 맡기신 것과 또 자기가 하나님께로부터 오셨다가 하나님께로 돌아가실 것을 아시고 요 13:1, 3

예수님은 자신이 세상에 온 목적이 무엇인지 아셨다. 그것은 인류를 위해 고난을 받고, 자기 생명을 대신 내주기 위함이었다. 하나님이 맡기신 일들을 다 마친 후에 예수님은 이렇게 말씀하셨다. "아버지께서 내게 하라고 주신 일을 내가 이루어 아버지를 이 세상에서 영화롭게 하였사오니"(요 17:4). 그리고 십자가에서 숨을 거두기 전에 마지막으로 "다 이루었다"라고 말씀하셨다.

세계 4대 성인의 하나로 불리는 공자는 "나는 오십 세가 되었을 때 나의 삶에 대한 하늘의 뜻을 알았다(五十而知天命)"[5]고 말했다. 내가 어디에서 왔으며, 무엇을 위해 살아가야 하는지 아는 사람은 복되다.

사도 바울은 자기 인생의 마지막 시간이 다가오는 것을 보면서 그가 아들처럼 사랑하던 디모데에게 이렇게 썼다.

전제와 같이 내가 벌써 부어지고 나의 떠날 시각이 가까웠도다 나는 선한 싸움을 싸우고 나의 달려갈 길을 마치고 믿음을 지켰으니 이제 후로는 나를 위하여 의의 면류관이 예비되었으므로 딤후 4:6-8

이 얼마나 아름다운 고백인가? 자신을 향한 하나님의 뜻을 아는 사람은 얼마나 행복한가?

가끔 하나님이 자신을 선교사, 혹은 교역자로 부르신다고 하는 이들을 만난다. 그들이 "나는 이제 신학을 해야 하겠습니다" 또는 "그곳으로 가야겠습니다"라고 할 때면, 나는 "그렇게 생각하는 이유는 무엇이지요? 그것은 당신의 생각입니까, 아니면 하나님이 주신 마음입니까?"라고 질문한다. 하나님은 우리가 인생의 갈림길에 서 있을 때 이렇게 질문하신다. "너는 어떻게 이곳까지 왔느냐? 너는 어디로 가려 하느냐?"

하나님의 인도하심을 따라 걸어가고 있는가?

저명한 수필가 서정범 교수가 《놓친 열차는 아름답다》라는 재미있는 제목의 수필집을 발간한 적이 있다. 사람은 꿈을 먹고 사는 존재다. 우리에게는 모두 꿈이 있고, 꿈이 있었다. 지난날들을 돌아보면 이루어진 꿈도 있겠지만 이루어지지 못한 꿈이 더 많을 것이다. 우리 삶에는 이루지 못한 꿈, 지나가 버린 기회, 이제는 다시 탈 수 없는 놓친 열차가 많다. 사랑하고 사랑받고 싶었으나 놓쳐 버린 사랑도 있고, 가고 싶었으나 가지 못한 학교도 있고, 하고 싶었으나 하지 못한 일들, 되고 싶었으나 되지 못한 모습들, 놓쳐 버린 직장들…. 타고 싶었던 그 열차, 이젠 지나가 버려 다시는 탈 수 없는 것들이 우리 삶에 존재한다.

---

3. 세 번째 질문: "네가 어디서 왔으며 어디로 가느냐?"

인생을 살면서 우리는 우리 안의 아픔과 쓴뿌리들, 실패와 열등감, 깨진 관계, 부러워하는 마음 가운데서 가끔 하갈처럼 잘못된 선택을 한다. 아직도 아름다워 보이는 그 열차를 타고 싶기 때문이기도 하고, 이제는 가능하면 절망을 덜 느낄 수 있는 좀 쉬운 길을 가고 싶기 때문이기도 하다. 그러고 나서 그런 선택을 정당화한다. 혹시 당신은 '내게는 다른 길이 없었다. 하나님이 나를 거기로 몰아넣으셨다. 내 사업이 망하고, 직장을 잃고, 이렇게 사역을 하게 된 것은 하나님의 뜻이었다'라며 정당화한 적이 없는가?

니느웨로 가라고 부르심 받은 요나도 반대 방향인 다시스로 가는 배 안에서 이렇게 자신의 선택을 정당화하지 않았을까? '그래, 그때 마침 다시스로 가는 배가 있었을 뿐이야. 그래서 나는 그걸 탄 거야.' 그러나 정말로 그런가? 선택의 때에 우리는 과연 우리를 향한 하나님의 질문을 듣고 올바르게 응답했는가?

믿음의 길은 자기의 삶을 하나님의 뜻에 기꺼이 던져 드릴 수 있는 가장 용기 있는 자들의 것이다. 하나님 나라는 그 나라를 사랑하여 도전하고 침노하는 사람들의 것이다. 하지만 오늘 우리는 세상에서 가장 용기 없는 자들이 되어 믿음의 길을 걸으려고 하는 것은 아닐까?

불순종에는 두 가지 종류가 있다. 한 가지는 하나님이 하라고 하시는데 하지 않는 것이다. 또 한 가지는 많은 사람이 빠지는 잘못으로, 하나님이 하라고 말씀하지 않으셨는데도 제멋대로 길을 가거나 다른 사람들이 하나님의 길이라고 말해 주는 길을 가는 것이다. 인생의 중요한 갈림길에서 우리는 상담자들에게 묻고, 사역자들에게 묻고, 친구들과 상의하고, 부모님께 여쭈어 본다. 물론 우리는 그들에게 조언을 구할 수 있다. 그러나 정작 우리 삶의 주인이신 하나님께 먼저 우리의 길을 물어야 하지 않겠는가? 당신이 가려는 길은 과연 당신을 위한 하나님의 길인가?

성경은 아담의 아들 가인이 하나님 앞을 떠나서 '놋' 땅에 거했다고 한다. '놋'이라는 말은 '유리하는', '방황하는'이라는 뜻이다. 우리는 하나님 앞을 떠나면 어디로 가야 하는지 모르고 방황한다. 하갈처럼 아픔이 있을 때, 깨진 관계 속에 있을 때, 우리는 잘못된 길을 택할 수 있다. 우리의 참된 동기는 무엇인가? 아픔을 피해 가려는 것인가? 안전한 길을 가려는 것인가? 혹시 요나처럼 하나님의 도전을 피하려는 것인가? 하나님의 부르심이 무엇이든지 하나님의 뜻을 따르기 원하는 참된 동기가 없으면, 우리는 또 다른 아픔과 실망, 더 큰 혼돈으로 들어가게 될 것이다.

우리에게는 각자 하나님이 유일하게 주신 길이 있다. 하나님이 우리 한 사람 한 사람을 유일하게 창조하신 것처럼, 각 사람을 향한 하나님의 뜻도 유일하다. 그리고 그 길은 하나님 안에 있을 때만 걸을 수 있다. 인생의 큰 갈림길에서뿐 아니라 작은 선택을 해야 할 때도 주님께 "제가 어디로 가야 합니까? 어떠한 선택을 해야 합니까?" 하고 묻고 구한다면, 우리의 삶이 얼마나 풍성해질까? 우리가 작은 일에도 그렇게 하나님과 동행할 수 있다면, 우리에게 얼마나 큰 축복이 있을까? 우리도 바울처럼 "나에게 주신, 내가 달려갈 길을 마쳤다"라고 말할 수 있다면 얼마나 좋겠는가!

우리 집 거실에 걸려 있는 족자에는 테레사 수녀가 남긴 말이 쓰여 있다.

우리는 이 세상에서 큰일을 할 수는 없지만, 우리에게 주어진 작은 일들을 큰 사랑으로 할 수 있다(We cannot do great things in this world, but we can do small things with great love).[6]

하나님이 찾으시는 사람은 나에게 주신 것을 사랑하는 사람, 나에게 주신 길을 사랑하는 사람, 나에게 주신 사명을 발견하는 사람이다. 성경에 다음과 같은 비유가 있다.

어느 주인이 길을 떠나면서 종들에게 돈을 나누어 주었다. 한 사람에게는 열 달란트, 또 다른 사람에게는 다섯 달란트, 또 다른 사람에게는 한 달란트를 주어 책임지게 했다. 열 달란트와 다섯 달란트를 받은 사람들은 그 돈을 장사에 잘 사용하여 각각 갑절을 남겼다. 집으로 돌아온 주인은 그들을 똑같이 칭찬해 주었다. 하지만 한 달란트를 받은 사람은 그것을 그냥 묻어 두고 사용하지 않았다. 그러고는 주인이 돌아왔을 때 심한 책망을 들었다.

얼마를 받았는지가 중요한 것이 아니다. 우리에게 주신 것을 얼마나 귀중하게 사용했느냐가 중요하다. 열 달란트를 받았는지 한 달란트를 받았는지가 중요한 것이 아니다. 하나님께 중요한 것은 오직 우리의 사랑과 순종이다.

우리는 하나님의 오케스트라다. 오케스트라는 많은 악기로 이루어져 있다. 어떤 악기들은 자주 사용되거나 큰 소리를 내면서 상대적으로 '중요한' 역할을 한다. 하지만 어떤 악기는 가끔만 쓰이거나 배경 소리로 사용된다. 어떤 악기는 사람들에게 잘 보이는 곳에 배치되고, 어떤 악기는 맨 뒤에 배치된다. 하지만 어떤 악기가 더 중요하고 중요하지 않다는 것은 우리의 생각일 뿐이다. 모든 악기가 중요하며, 음악은 듣는 이를 위하여 연주되는 것이다.

우리라는 오케스트라의 지휘자는 주님이시다. 그리고 청중은 하나님이며, 또 잃어버린 세상이다. 하나님은 그분이 뜻하고 계획하신 그 음악이 이 세상에 들려져 사람들을 치료하기 원하신다. 우리에게 중요한 것은 각자에게 주어진 곡을 충실히 연주하는 것뿐이다. 우리는 나의 영광을 위해 연주하는 것이 아니라, 주님을 위해 연주를 하는 것이기 때문이다.

마음 가운데 소원과 평강을 주시는 하나님

그러면 우리는 어떻게 하나님의 인도하심을 받을까? 예수님은 우리에게 이렇게 말씀하셨다.

3. 세 번째 질문: "네가 어디서 왔으며 어디로 가느냐?"

그러나 진리의 성령이 오시면 그가 너희를 모든 진리 가운데로 인도하시리니 요 16:13

하나님은 여러 가지 방법으로 말씀하신다. 그분의 방법은 제한이 없다. 표적과 예언, 음성을 통하여 말씀하실 수도 있고, 상담과 계시를 통해, 때로는 상황을 통해서 말씀하실 수도 있다. 하지만 표적이 나타난다고 해서 그것이 하나님의 뜻임을 보장해 주는 것은 아니다. 예언도 잘못될 수 있고, 지혜로운 분들이 우리에게 해주는 상담에도 한계가 있다. 이 모든 것보다 중요한 것은 하나님의 음성, 즉 우리 안에 조용히 말씀하시는 성령의 음성을 듣는 것이다. 성령은 우리 안에 계시는 하나님이다. 그분은 나의 모든 것을 아시며, 나를 향한 하나님의 뜻을 잘 아신다. 그리고 우리 안에서 조용히, 언제나 변함없이 말씀하고 계신다.

한번은 선지자 엘리야가 호렙 산에서 낙망에 빠져 있을 때, 하나님이 그에게 나타나셨다. 성경은 이 사건을 이렇게 기록한다.

여호와께서 이르시되 너는 나가서 여호와 앞에서 산에 서라 하시더니 여호와께서 지나가시는데 여호와 앞에 크고 강한 바람이 산을 가르고 바위를 부수나 바람 가운데에 여호와께서 계시지 아니하며 바람 후에 지진이 있으나 지진 가운데에도 여호와께서 계시지 아니하며 또 지진 후에 불이 있으나 불 가운데에도 여호와께서 계시지 아니하더니 불 후에 세미한 소리가 있는지라 왕상 19:11-12

그리고 하나님이 그에게 말씀하셨다. "엘리야야, 네가 어찌하여 여기 있느냐?" 하나님은 세미한 음성으로 엘리야를 격려하시고, 새로운 사명을 주셨으며, 그의 앞날에 관해 말씀해 주셨다.

우리 안에는 하나님이 말씀하고 계시는 조용한 음성들이 있다. 성경은 우리가 하나님의 뜻과 음성을 분별하려 할 때에 주의해야 할 점 네 가지에 관해 얘기한다.

첫째, 하나님은 우리 마음에 소원을 두시고, 그 소원을 따라 행하신다. 성경을 보면 이런 말씀이 있다.

> 너희 안에서 행하시는 이는 하나님이시니 자기의 기쁘신 뜻을 위하여
> 너희에게 소원을 두고 행하게 하시나니 빌 2:13

여기서 말하는 소원이란 개인의 소원이 아니다. 그것은 세상의 가치관의 영향을 받은 소원, 내가 되고 싶어 하는 모습, 갖고 싶어 하는 무언가, 하고 싶어 하는 일 등 내가 만들어 낸 소원이 아니라, 하나님이 나를 유일한 존재로 창조하셨을 때 내 마음 가장 깊이 두셨던 소원이다.

가끔 젊은이들이 결혼 문제로 상담을 요청해 온다. 대부분 내용은 자기가 이미 좋아하는 사람과 결혼을 해야 하는지 말아야 하는지에 관한 질문이다. 어떤 자매는 하나님이 꿈을 통해 어떤 형제를 보여 주셨다고 한다. 그래서 내가 물었다. "혹시 그 형제는 자매가 평소에 좋아하고 항상 생각하는 형제는 아니었습니까?" 그 자매는 그렇다고 대답했

---

3. 세 번째 질문: "네가 어디서 왔으며 어디로 가느냐?"

다. 그래서 나는 다음과 같이 답했다. "사랑하는 사람을 계속 생각하면 얼마든지 꿈에 나타날 수 있지요."

하지만 나의 뜻을 버리고, 내 육신의 원하는 것을 버리고, 나에 대해 죽었을 때에도 여전히 '하나님이 이것을 위해 나를 부르셨다'고 확신할 수 있는 소원, 우리 안에 끊어지지 않는 소원이 존재할 수 있다. 우리는 로봇으로 만들어지지 않았고, 하나님은 우리 안에 소원을 두고 행하시기 때문이다.

당신 안에 있는 그 소원은 무엇인가? 당신 안에 깊이 자리 잡고 있는 소원이 하나님이 주신 것인지 알려 달라고 기도해 본 적이 있는가? 하나님은 우리가 소원을 가지고 행하기 원하신다. 나의 소원이 아닌, 하나님이 우리 안에 두신 소원 말이다.

어려서부터 나는 과학을 좋아했다. 특별히 우주와 사물의 이치를 궁구하는 물리학이 좋았다. 물리학은 내 마음을 설레게 했고, 물리학의 신비한 세계를 연구해 들어가면 들어갈수록 그 비밀의 장막 뒤에 계신 하나님을 더 깊이 만나는 것 같았다. 하지만 대학에 다닐 때 많은 사람이 나에게 이렇게 충고했다. "네가 정말 하나님의 일을 하려면, 네가 참으로 헌신한다면, 신학 공부를 하고 안수를 받은 후 교역자나 선교사의 길을 가야 한다." 내 마음은 주님이 나를 과학의 길로 부르셨다고 말하는데, 대부분 신앙인은 내가 '세상의 학문'을 버리고 신학을 해야 한다고 말했다.

물론 나는 주님을 위해서 기꺼이 과학자의 길을 버릴 수 있었다. 그것은 나에게 그리 큰 문제가 아니었다. 하지만 물리학의 길을 버리고 신학의 길을 선택하려 할 때마다 내 마음 깊은 곳에서 과학을 향한 소망이 솟아올랐다. 나는 결국 '신학이라고 불리는 공부를 해야만 하나님의 일을 할 수 있다는 이유는 무엇인지' 알 수가 없었다. 하나님이 만드신 세계를 탐구하는 것이 왜 '세상적인 일'인지도 알 수 없었다. 내 안에 끊이지 않는 소망은, 과학을 통해 하나님을 더 발견하고 알게 되는 것이었다.

그리고 나는 그 소원이 하나님께로부터 온 것임을 알았다. 그 전에 이미 내 소원을 그분 앞에 기꺼이 내드렸기 때문이다. 내 안에 두신 소원을 따라, 나는 기꺼이 다른 종류의 선교사가 되기로 했다. 다른 사람들과 형제들이 이해하지 못해도 괜찮았다. 과학을 통해 사람들이 하나님을 더 알게 하는 일을 하는 사역자로 살고 싶었다. 20여 년 동안 주님은 내게 이 길을 걸을 수 있는 기회를 주셨다. 최첨단의 과학을 연구하는 과학자들과 함께 더 깊은 자연의 비밀을 발견하고, 우주의 궁극적 실체에 더 가까이 나아갈 수 있는 연구들을 하게 하셨다. 그리고 나는 이 연구들을 통해 하나님의 성품을 더욱더 알게 되었다.

하나님은 우리의 생각을 넘어 일하시는 분이다. 우리는 그분이 하시는 일에 제한을 둘 수 없다. 우리는 다만 그분의 지휘를 기꺼이 따라갈 뿐이다. 하나님이 우리 안에 소원을 두고 행하신다. 당신의 소원이 아닌 하나님의 소원은 무엇인가? 하나님이 당신의 마음속에 두신 소원은 무엇인가?

3. 세 번째 질문: "네가 어디서 왔으며 어디로 가느냐?"

둘째, 하나님은 평강을 따라서 우리를 인도하신다.

어떤 길을 택하려 할 때 당신의 마음에 진정한 평화가 있는가? 여기서 내가 묻는 것은 그 어떤 길을 택해야 할 이유에 대한 것이 아니다. 내가 이야기하는 것은 인간의 이성과 지식을 넘어선 하나님의 평강이 있는지의 여부다.

예를 들어, 내 앞에 A와 B라는 두 가지 선택이 있다고 하자. A를 선택해야 할 중요한 이유가 10가지 있고, B를 선택할 이유는 하나도 없다. 그런데 당신의 마음에 A를 생각할 때는 평강이 없고 B를 생각할 때 깊은 평강이 있다면, 어떤 선택을 하겠는가?

우리 하나님이 주시는 평강은 인간의 지식과 상황을 넘어서는 평강이다. 성경은 이렇게 말한다.

> 그리하면 모든 지각에 뛰어난 하나님의 평강이 그리스도 예수 안에서 너희 마음과 생각을 지키시리라 빌 4:7

또한 성경은 "그리스도의 평강이 너희 마음을 주장하게 하라"(골 3:15)고 하는데, 여기서 '주장하게 하라'는 말은 그 당시 로마의 스포츠 경기에서 사용되던 말로, '심판관이 되게 하라'는 의미를 담고 있다. 축구 경기를 하는 중에 심판이 호루라기를 부는 것은 무엇을 뜻하는가? 경기에 중요한 일이 일어났다는 의미다. 경기를 시작할 때, 경기가 다 끝났을 때, 혹은 경기 도중에 중단해야 하는 일이 생겼을 때 심판은 호루라기를 분다. 누가 반칙을 범했든지, 혹은 부상을 당했든지, 혹은 무엇이 잘못되었든지 간에 심판이 호루라기를 불면 경기를 멈추고 심판의 지시를 따라야 한다. 하나님의 평강이 우리를 주장하게 하라는 말은 바로 그와 같은 의미다.

무슨 일을 하려는데, 혹은 하던 중에라도 마음에 평강이 깨지는 것을 느낀다면 즉시 그 일을 멈추라. 그리고 주님께 물으라. "주님, 제 마음에 평강이 없습니다. 무엇이 잘못되었습니까? 주님, 혹시 제가 지금 잘못 가고 있습니까?"

우리는 주님의 평강 가운데 나아가고, 주님의 평강이 우리를 주장하게 해야 한다. 우리가 가는 길이 하나님의 뜻에서 떠나게 되면, 우리의 이성은 그것을 정당화할지 몰라도 마음의 평강이 깨어진다. 이 하나님의 평강이 우리 삶과 길을 주장하시게 하자.

셋째, 우리가 사랑을 따라 구해야 한다는 것이다(이는 정말 중요한 것이다). 사도 바울은 고린도 교회에게 "사랑을 따라 구하라"고 말했다. 은사나 예언이나 봉사 등 모든 것은 다 한계가 있다. 하지만 사랑은 언제든지 떨어지지 않는다. 하나님은 우리가 그리스도의 사랑을 따라 구하며 살기를 원하신다. 간혹 우리 삶의 길에 길잡이가 될 만한 것이 아무것도 없을 때가 있다. 아무런 표지판도 보이지 않을 때가 있다. 하지만 그런 때에도 우리에게는 우리의 길을 비추어 주는 것이 한 가지 있다. 그것은 바로 우리 안에 두신, 결코 실패할 수 없는 하나님의 사랑이다. 하나님을 사랑하고 내 형제를 내 몸과 같이 사랑하는 길, 그 사랑의 길보다 더 확실한 하나님의 길이 있을까?

하나님의 길을 가고 싶은가? 사랑의 길보다 더 확실한 하나님의 길은 없다. 왜냐하면 하나님은 사랑이시기 때문이다. 우리는 주님께 "이 형제를 사랑해야 할까요, 말아야 할까요?" 하고 물을 필요가 없다. 이미 주님은 우리에게 명령하셨다. 2장에서 우리는 이 명령을 이미 묵상했다. 우리는 용서할 것이다. 사랑할 것이다. 겸손과 수고, 행함, 그리고 진실함으로, 하나님이 그분의 형상대로 지으시어 우리 곁에 두신 인생들을 사랑해야 한다.

나에게 재물이 있는데 형제가 궁핍함을 알았을 때, 우리는 그 형제를 도와주어야 할지 말아야 할지 기도할 필요가 없다. 사도 요한은 이렇게 말한다.

> 누가 이 세상의 재물을 가지고 형제의 궁핍함을 보고도 도와줄 마음을 닫으면 하나님의 사랑이 어찌 그 속에 거하겠느냐 자녀들아 우리가 말과 혀로만 사랑하지 말고 행함과 진실함으로 하자 요일 3:17-18

다만 우리가 기도할 것이 있다면 그 형제를 구체적으로 어떻게 도와주어야 하는지를 묻는 것뿐이다.

오늘 그리스도인들의 공동체에서 잃어버린 것은 행함과 진실함으로 하는 사랑이다. 우리는 물질을 서로 나누는 것을 잃어버렸다. 물질과 자본 본위의 사상이 우리 문화에 깊이 뿌리내렸다. 이제 물질은 청지기

인 우리에게 하나님이 맡기신 것이 아닌 개인의 소유가 되어 버렸다. 교회는 서로의 것을 나누는 한 몸이 아닌, 멤버십(membership)의 개념이 되고 말았다. 헌금은 마치 국민이 내야 하는 세금, 조직에 가입하면 내야 하는 회원비 같은 개념이 되고 말았다. 그러나 이는 올바른 것이 아니다. 성경에서 말하는 성도의 교제인 '코이노니아'는 서로 사랑한다고 고백만 하는 것이 아니라 서로 삶과 물질을 실제로 나누는 것이다. 서로에 대한 진정한 위탁이 없는 교제는 그리스도인의 교제가 아니다. 물질을 나누지 못하면서 말로만 사랑한다고 하는 것은 거짓말이다.

우리가 가진 것이 있는데 형제의 필요를 보며 "하나님, 저 형제에게 줄까요, 말까요?" 하고 묻는다면, 아마도 하나님은 대답하지 않으실 것이다. 내 마음속에 주기 싫어하는 마음이 있는 것을 아시기 때문이다. 하나님이 이미 말씀하신 것을 또 물어볼 필요가 있는가? 물질을 사랑했기에 하나님이 이미 말씀하신 것을 따르지 않고 두 번이고 세 번이고 계속 물어보다가 거짓 선지자가 되고 말았던 발람의 길을 가지 않도록 조심해야 한다.

발람은 예언의 은사와 축복할 능력을 갖춘, 기름부음을 받은 선지자였다. 한번은 모압 왕이 그에게 물질을 가지고 와서 이스라엘 백성을 저주해 달라고 부탁했다. 이에 하나님은 이스라엘이 복을 받은 백성이니 저주하지 말라고 말씀하셨다. 하지만 모압 왕은 더 높은 사람들과 더 많은 재물을 발람에게 보내면서 이스라엘 백성을 저주해 달라고 재차 부탁한다. 그리고 발람은 물질의 유혹을 받아 다시 하나님께 묻는다.

3. 세 번째 질문: "네가 어디서 왔으며 어디로 가느냐?"

그때 하나님은 발람에게 "_그들을 따라가라_"고 말씀하신다. 그리고 발람이 그들을 따라가던 길에 하나님의 사자가 길에서 발람을 죽이려 했을 때, 그를 태운 나귀가 주저앉아서 그를 겨우 살렸다. 그리고 그는 이 일 때문에 일개 나귀로부터 책망을 들었다.

**하나님의 길,
사랑의 선택**

사랑을 따라 사는 것, 그리고 사랑을 따라 구하는 것보다 더 확실한 하나님의 길이 있는가? 예수님의 족보를 보면, 룻이라는 한 이방 여인이 나온다. 이 여인은 사랑을 따라 자기의 운명을 선택한 사람이다. 모압 땅에 사는 두 여인이 그곳에 이주해 온 유대인 형제들과 결혼을 했다. 그런데 그들 사이에 아직 자식이 없을 때 남편들이 모두 죽어 버렸고, 여인들의 시어머니였던 나오미는 결국 고향으로 돌아가기로 한다. 나오미는 며느리들의 장래를 생각하여 그들에게 친정으로 돌아갈 것을 권했고, 이에 큰며느리인 오르바가 나오미를 떠나 자기 집으로 돌아갔다. 하지만 작은며느리 룻은 차마 시어머니를 버리고 떠날 수 없었다. 그래서 룻은 나오미에게 "내게 어머니를 떠나며 어머니를 따르지 말고 돌아가라 강권하지 마옵소서 어머니께서 가시는 곳에 나도 가고 어머니께서 머무시는 곳에서 나도 머물겠나이다 어머니의 백성이 나의 백성이 되고 어머니의 하나님이 나의 하나님이 되시리니 어머니께서 죽으시는 곳에서 나도 죽어 거기 묻힐 것이라 만일 내가 죽는 일 외에 어머니를 떠나면 여호와께서 내게 벌을 내리시고 더 내리시기를 원하나이다"(룻 1:16-17)라고 말했다. 룻은 사랑을 따른 선택을 했고, 후에 하나님은 나오미의 삶에 큰 복을 더해 주셨다.

아브라함과 그의 조카 롯은 하란에서부터 이집트까지 믿음의 여정을 함께했다. 하지만 하나님이 그들의 삶에 복 주셔서 재산을 크게 늘려 주셨을 때, 두 사람 사이에 문제가 생겼다. 아브라함의 종들과 롯의 종들 사이에 다툼이 자주 일어났던 것이다. 그래서 아브라함은 롯에게 이렇게 제안했다. "우리는 한 친족이라 나나 너나 내 목자나 네 목자나 서로 다투게 하지 말자 네 앞에 온 땅이 있지 아니하냐 나를 떠나가라 네가 좌하면 나는 우하고 네가 우하면 나는 좌하리라"(창 13: 8-9). 그러자 롯은 물이 넉넉한 요단의 들판을 택하여 갔다. 롯이 아브라함을 떠난 후 하나님은 아브라함에게 "너는 눈을 들어 너 있는 곳에서 북쪽과 남쪽 그리고 동쪽과 서쪽을 바라보라 보이는 땅을 내가 너와 네 자손에게 주리니 영원히 이르리라"(창 13:14-15)고 말씀하셨다.

아브라함은 롯에 대하여 사랑의 선택을 했다. 그는 어느 쪽이든 조카 롯이 바라는 대로 줄 수 있었다. 롯은 눈에 보이는 것을 선택했지만, 아브라함은 사랑을 선택했다. 사랑의 선택보다 더 하나님의 마음에 합하는 것은 없다. 하나님은 우리를 위한 모든 선택을 사랑으로 하셨다. 그리고 사랑을 선택할 줄 아는 사람과 함께 그분의 뜻을 이루어 가기를 원하신다.

3. 세 번째 질문: "네가 어디서 왔으며 어디로 가느냐?"

대학생 때 나는 주일학교 교사로 섬기며 초등학교 1학년 남학생들을 가르친 적이 있다. 그해 여름성경학교를 마친 후에 학부모님들이 그동안 수고한 주일학교 선생님들을 대접해 준다며 야유회를 마련해 주셨다. 그래서 서울 근교 청평에 있는 물 좋고 시원한 유원지로 아이들과 부모님들과 함께 나가게 되었다. 수영을 잘 못하는 나는 누군가 물에 빠져도 구조를 할 수가 없었기 때문에, 아이들과 물가에 갈 때면 항상 조심스러웠다. 그래서 도착하자마자 물이 깊거나 위험한 곳은 없는지 자세히 살폈다. 부모님들이 텐트를 친 곳 가까이는 물이 얕고 모래사장이 넓어서 아이들이 놀기에 좋았다. 그런데 거기서 조금 하류로 내려가면 골이 좁아 물살이 빨라지고 물도 깊어졌다. 대충 가늠해 보니 어른 키의 반 정도 깊이는 되어 보였다. 수영을 못하는 아이들에게는 아주 위험한 곳이었다.

이윽고 점심시간이 되었다. 부모님들은 물에서 조금 떨어진 곳에서 분주히 식사를 준비하기 시작했다. 그런데 그때 우리 반 아이들 둘이 튜브를 가지고 놀다가 그만 튜브와 함께 하류로 떠내려가게 되었다. 점점 수심이 깊은 곳으로 떠내려가면서 두 아이 모두 튜브를 놓치고 말았고, 물에 빠져 허우적거리기 시작했다. 그때 나는 아이들과 10m 정도 떨어진 물속에 있었고, 다른 사람들은 아무도 그 아이들이 깊은 물속으로 빠져 들어가는 것을 보지 못했다. 그때 나는 순간적으로 결정을 해야 했다. 그때 내가 그 두 아이를 살릴 길은 단 하나뿐이었다. 내가 물 밑으로 들어가서 한 팔에 아이 하나씩 들어 올린 후, 물속에서 물살을 거슬러 강둑까지 걸어가는 것이었다. 하지만 만약 그렇게 한다면 나는 목숨을 잃을 가능성이 많았다. 불과 몇 초의 짧은 시간 사이에 내 머릿속에서는 수많은 생각이 스쳤다. 여기서 내가 죽는다면 하나님이 내게 주셨던 그 꿈들은 어떻게 되는 것인가? 내가 지금 죽는 것이 정말 하나님의 뜻인가? 하지만 만약 내가 희생하지 않는다면 아이들은?

그때 하나님의 말씀이 기억났다. "사람이 친구를 위하여 자기 목숨을 버리면 이보다 더 큰 사랑이 없나니"(요 15:13). 인간이 할 수 있는 일 중에서 사랑을 위해 목숨을 버리는 것보다 더 큰 일이 어디 있겠는가? 곧바로 나는 아이들이 허우적거리고 있는 물 밑으로 뛰어들었다. 아이들을 한 손에 하나씩 붙들어 올린 후, 강둑을 향해 한 걸음, 또 한 걸음 걷기 시작했다. 그런데 이상할 정도로 마음이 차분했다. 죽기를 각오해서 그런지 마음이 고요하고 물속도 환하게 보였다. 문득 멀지 않은 곳에 솟아 있는 비탈진 바위가 보였다. 나는 아이들을 양손에 받쳐 든 채로 그 바위를 걸어 올랐다. 바위 위에 오르니 내 머리가 물 위로 나와 숨을 쉴 수 있게 되었다. 그래서 거기서 아이들을 안은 채로 부모님들을 불러 아이들을 구할 수 있었다.

그 후 나는 그 일을 까맣게 잊어버렸다. 그리고 미국으로 이주하여 산 지 14년이 되는 해에 다시 한국을 방문하게 되었다. 주일에 마침 서울에 머물고 있었기에 옛날에 다니던 교회를 방문했다. 당시 전도사님으로 섬기시던 분이 담임 목사님이 되어 계셨고, 목사님은 예배 중에 옛 교인이라며 나를 소개해 주셨다. 그런데 예배가 끝나고 나서 친교실

한쪽에 앉아 있을 때, 대학생으로 보이는 건장한 청년 둘이 나를 찾아오더니 자신들을 기억하느냐고 묻는 것이었다. 하지만 나는 그들이 누구인지 전혀 기억할 수 없었다. 그러자 그 청년들이 이렇게 말했다. "선생님, 우리가 물에 빠져 죽을 뻔했을 때, 선생님이 목숨을 걸고 우리를 구해 주셨어요." 나는 두 청년이 하나님 안에서 아름답게 장성한 것을 보고 매우 기뻤다. 그리고 14년 전 그 유원지에서 내가 사랑의 선택을 할 수 있게 해주신 하나님께 감사를 드렸다. 사랑의 선택보다 더 귀한 선택이 어디 있을까?

**하나님과 겸손히
동행하는 길**

마지막으로, 우리가 하나님의 길을 가고 싶은데, 이것도 저것도, 아무것도 모를 때가 있다. 그런데 성경은 이렇게 말한다.

> 사람아 주께서 선한 것이 무엇임을 네게 보이셨나니 여호와께서 네게 구하시는 것은 오직 정의를 행하며 인자를 사랑하며 겸손하게 네 하나님과 함께 행하는 것이 아니냐 미 6:8

그렇다. 하나님은 우리가 겸손히 그분과 동행하기를 원하신다. 공의를 행하는 것은 먼저 하나님 나라와 그분의 의를 구하는 것이다. 인자함을 사랑하는 것은 모든 생활 가운데 긍휼과 따뜻함, 자비함을 베푸는 것이다. 그리고 겸손히 우리 하나님과 동행하는 것이다.

우리가 하나님과 동행하는 길은 단 하나뿐이다. 바로 '겸손히' 동행하는 것이다. 겸손히 동행한다는 것은 내가 나의 길로 그분을 잡아끄는 것이 아니라, 그분이 어디로 향하실지 몰라도 신뢰함으로 한 발 한 발 그분과 함께 내딛는 것이다. 그분이 오른쪽으로 가면 나도 오른쪽으로 가고, 그분이 왼쪽으로 가면 나도 왼쪽으로 가는 것이다. 그분이 서면 나도 서고, 그분이 일어나면 나도 일어나는 것이다.

2년 전, 큰아들이 우리 부부에게 크리스마스 선물로 말티즈 품종의 강아지를 한 마리 주었다. 이 강아지는 사람을 잘 따르기 때문에 사랑을 많이 받는다. 때로는 경이로울 정도로 주인을 따르는 모습을 보여 준다. 항상 주인의 발치에 앉아 있다가 주인이 일어서기가 무섭게 따라 일어난다. 그리고 주인이 가는 대로 따라간다. 항상 주인이 느껴지는 곳에 있다가, 부르면 언제든지 달려온다. 이 강아지의 행동을 보면서 나는 가끔 이런 생각을 한다. '우리도 이처럼 우리 주인이신 주님을 신뢰하고 따를 수 있다면 그분이 얼마나 흡족해하실까?'

겸손한 사람은 한 걸음 한 걸음 걸으며, 주님께 "제가 걷는 이 길이 주님의 뜻에 합한 길입니까?"라고 물을 것이다. 우리는 겸손한 마음으로 하나님의 뜻을 구하는가? 성경은 이렇게 말한다. "두 사람이 뜻이 같지 않은데 어찌 동행하겠으며"(암 3:3).

다윗은 하나님의 마음에 합한 사람이었다. 다윗은 선지자 사무엘을 통해 하나님께 기름부으심 받았으며, 믿음으로 골리앗을 죽이고, 전쟁에서도 많은 공을 세워 이스라엘 백성에게 추앙받았다. 사울을 향한 다윗의 마음은 충성되었지만, 사울은 다윗의 인기를 시기하고 질투한 나머지 그를 죽이기 위해 군대를 이끌어 추격하기 시작했다. 다윗은 몇 번의 죽을 고비를 넘기면서 극도로 힘든 시기를 보내고 있었다. 다윗에게 충성을 맹세한 장군들도 다윗을 보호하기 위해 그와 함께 몇 번이나 죽음의 고비를 넘겨 왔다. 그러던 어느 날, 이런 어려움을 끝낼 수 있는 절호의 기회가 다윗에게 찾아왔다.

그때 사울은 3천 명의 군대를 이끌고 광야에서 다윗을 쫓고 있었다. 그러다가 그는 뒤를 보기 위해 혼자 어느 굴속으로 들어가게 되었다. 그런데 공교롭게도 그 굴 안에는 다윗과 그의 부하들이 숨어 있었고, 다윗의 부하들은 이를 하나님이 주신 기회라 믿었다. 그들은 다윗에게 부디 사울을 죽이도록 허락해 달라고 간청했다. "주님께서 이제 당신에게 기회를 주셨습니다. 당신은 손 하나 까딱하실 필요도 없습니다. 그냥 허락만 해주시면 저희가 처단하겠습니다. 이런 놀라운 기회가 하나님의 계획이 아니고 무엇이겠습니까? 백성을 위해서, 그리고 하나님이 이미 당신에게 말씀하신 그 길을 이루기 위해서, 지금 하나님이 당신의 손에 사울 왕을 붙이신 것입니다. 부디 허락해 주십시오."

그러나 다윗은 이렇게 말했다. "아니다. 비록 백성에게 학정을 하고 충성된 자들을 죽이려 하는 잘못된 지도자이나, 나는 하나님이 기름부으신 종을 건드릴 수는 없다." 그러고 나서 다윗은 사울에게 반역할 마음이 없다는 것을 보여 주기 위해 사울의 옷자락만을 슬며시 칼로 잘랐다. 그럼에도 다윗은 한때 하나님의 기름부으심을 받았던 자의 옷자락을 자르는 것조차 마음 아파했다. 이것이 바로 다른 사람을 존중하며 하나님의 때를 기다리고 자기를 낮추었던 다윗의 마음이었다. 그는 겸손히 하나님과 동행할 줄 아는 사람이었다.

아브라함 역시 하나님과 동행했다고 한다. 하나님은 아브라함을 '나의 친구', '나의 벗'이라고 부르셨다. 아브라함은 갈 바를 알지 못하고 고향을 떠났다. 하나님이 가나안 땅을 유업으로 주실 때까지 그는 여러 곳으로 옮겨 다녀야 했다. 그러나 그는 방황한 것이 아니었다. 그는 하나님과 동행했다. 인생을 사는 동안 우리는 때로 어디로 가야 할지 그 목적지를 알지 못할 수도 있다. 그러나 한 발 한 발 주님과 함께 내딛는다면, 우리는 올바르게 걷고 있는 것이다. 주님과 동행하는 것은 즐겁고 흥분되는 일이자 기쁜 일이다.

선지자 에녹은 65세가 되었을 때에 므두셀라를 낳고 그 후 300년을 하나님과 동행했다. 그리고 어느 날 하나님이 그를 데려가셔서 더는 세상에 있지 않게 되었다. 당신도 에녹처럼 살고 싶지 않은가? 한 걸음 한 걸음 주님과 동행하며 살지 않겠는가?

무릇 하나님의 영으로 인도함을 받는 사람은 곧 하나님의 아들이라고 하셨다. 그러므로 이렇게 기도하자.

주님,
우리의 어둔 마음을 주님의 밝은 빛으로 비춰 주셔서,
우리가 왜 여기에 와 있으며,
무엇을 하고 있으며,
어디로 가려고 하는지 보게 해주십시오.

우리가 왜 하나님의 뜻을 구하고 있으며,
주님 앞에 어떤 마음을 가져야 하는지 보여 주시고,
우리의 마음을 만져 주시고,
새로운 소망을 주시고,
우리가 행할 길을 보여 주십시오.

주님이 우리 안에 두신 소원을 따라서,
주님의 평강을 따라서,
주님의 사랑을 따라서,
그리고 겸손함으로
날마다 날마다
한 걸음 한 걸음
주님과 함께 걸어가게 해주십시오.

하나님이 떨기나무 가운데서
그를 불러 이르시되 모세야 모세야 하시매
그가 이르되 내가 여기 있나이다…
여호와께서 그에게 이르시되
네 손에 있는 것이 무엇이냐
그가 이르되 지팡이니이다 여호와께서 이르시되
그것을 땅에 던지라 하시매 곧 땅에 던지니
그것이 뱀이 된지라 (출 3:4, 4:2-3).

4. 네 번째 질문

"네 손에 있는 것이 무엇이냐?"

내가 하나님을 섬기는 진짜 이유

모세는 본래 히브리 사람이었으나 이집트 파라오 왕의 공주의 아들로 성장했다. 그러다 40세가 되었을 때 자기 백성이 노예로 혹독하게 고생하는 것을 보았고, 하나님의 백성을 위해서 살기로 결정하여 공주의 아들로 사는 삶을 버렸다. 그런데 하나님의 백성을 위해서 일하기 시작했을 때 그는 히브리인을 학대하던 이집트인을 죽이고 말았고, 살인자가 되어 광야로 도망했다. 그리고 멀리 미디안 광야에 숨어 살면서 그 지방 제사장의 딸과 결혼하여, 장인의 양을 치며 살게 되었다.

그리고 40년이라는 세월이 지났다. 모세는 어느덧 80세가 되었다. 어느 날 늙은 모세는 양 떼를 몰고 호렙 산 등성이를 지나다가 놀라운 광경을 목격하게 되었다. 떨기나무에 불이 붙어 있는데, 불이 붙으면 삽시간에 타버려야 할 그 마른 떨기나무가 전혀 타지 않고 있는 것이었다. 그런데 모세가 그 신기한 광경을 보려고 가까이 갔을 때, 하나님은 그 떨기나무 불꽃 가운데서 그의 이름을 부르며 말씀하셨다.

> 내가 애굽에 있는 내 백성의 고통을 분명히 보고 그들이 그들의 감독자로 말미암아 부르짖음을 듣고 그 근심을 알고 내가 내려가서 그들을 애굽인의 손에서 건져내고 그들을 그 땅에서 인도하여 아름답고 광대한 땅, 젖과 꿀이 흐르는 땅…에 데려가려 하노라…이제 내가 너를 바로에게 보내어 너에게 내 백성 이스라엘 자손을 애굽에서 인도하여 내게 하리라 출 3:7-10

그리고 하나님이 모세에게 물으셨다. **"모세야, 네 손에 있는 것이 무엇이냐?"** 모세의 손에 들려 있던 것은 그 당시 근동 지방의 목동들이 흔히 가지고 다니던 손때 묻고 보잘것없는 나무 지팡이였다.

모세에게, 또 우리 모두에게 지팡이가 상징하는 몇 가지 중요한 의미가 있다.

첫째로 모세가 손에 들고 있던 지팡이는 '우리 손에 든 것', 즉 우리가 가진 것, 우리가 소유하고 있는 것들을 의미한다. 둘째로 지팡이는 '우리가 의지하는 것'을 의미한다. 우리는 거동이 불편하거나 걷기 어려울 때 지팡이를 짚고 걷는다. 셋째로 지팡이는 '우리를 보호해 주는 것'을 의미한다. 목동들은 그 지팡이를 사용하여 자기가 돌보는 양들과 자기 자신을 맹수의 위험에서 보호했다. 목자였던 다윗은 그의 시에서 "여호와는 나의 목자시니 내게 부족함이 없으리로다…주의 지팡이와 막대기가 나를 안위하시나이다"(시 23:1, 4)라고 고백했다. 넷째로 목자의 지팡이는 '양을 치는 도구'였다. 목자들은 지팡이로 양을 인도하고, 다른 길로 빠지지 못하게 하고, 굽은 부분으로 양들을 잡아 이끌기도 했다. 또 우리 안에 양들을 들일 때면 양들이 지팡이 아래로 지나가게 하여 양들의 숫자를 확인했다. 또한 성경에서 양은 하나님의 백성을 뜻하는 비유로 자주 사용되는 동물이다. 따라서 우리 그리스도인들에게 지팡이란 우리가 하나님의 백성을 섬기는 데 사용하는 도구를 의미할 수 있다.

**네가 가진
지팡이를 던지라**

하나님의 불꽃 같은 임재가 있는 그 거룩한 땅에서, 하나님은 모세에게 지팡이를 던지라고 명하셨다. 모세가 지팡이를 땅에 던지자 그것은 뱀으로 변했다. 40년의 광야 생활을 한 모세는 그 뱀을 즉시 알아보았다. 위험한 독사였다. 그는 황급히 뱀을 피했다. 그때 하나님은 모세에게 그 뱀의 꼬리를 잡으라고 하셨다. 모세가 꼬리를 잡자, 뱀은 다시 지팡이가 되었다. 이 이적 이후로, 모세의 지팡이는 더는 단순한 목자의 지팡이가 아닌 '하나님의 지팡이'라고 불리게 되었다.

> 모세가 그의 아내와 아들들을 나귀에 태우고 애굽으로 돌아가는데 모세가 하나님의 지팡이를 손에 잡았더라 출 4:20

그렇다면 지팡이가 의미하는 것이 무엇이기에 모세는 지팡이를 던져야 했을까?

첫째, 지팡이는 우리의 손에 든 것, 우리의 소유, 우리가 가진 것을 의미한다. 우리가 그것을 하나님 앞에 던져 드릴 때, 그분은 우리의 필요를 채워 주신다. 우리가 우리의 것을 드림으로 하나님이 대신 채워 주시는 것은 우리가 드렸던 것보다 훨씬 아름다운 것이다.

프린스턴에서 신학대학원에 다니던 때의 일이다. 당시 우리 가족에게는 아주 낡은 차가 한 대 있었다. 자동차 위의 페인트도 벗겨지고 머플러에서는 소음이 많이 났다. 뉴욕의 빌딩 숲을 지날 때면 더 크고 빠른 소리가 났는데, 그것이 마치 북소리처럼 들려서 우리는 그 차에게 '밀림의 북소리'라는 이름을 지어 주었다. 그 차는 고장도 자주 났다. 어린아이 둘과 아내를 태우고 가다가 한여름이나 한겨울에 길거리에서나 고속도로에서 멈춰 버리면 참으로 난감했다. 그래서 나는 주님께 "주님, 고장이 안 나는 차를 주시면 안 되겠습니까?"라고 기도했다. 그러던 어느 날, 학생으로서는 가지기 어려운 큰돈이 생겼다. 그래도 새 차를 사기에는 턱없이 부족했기에, 우리는 그 돈을 종잣돈으로 모아 두었다.

혹 주님께서 더 공급해 주시면 고장이 나지 않는 차를 사기 위해서였다. 그 후 우리 부부는 그동안 전혀 관심도 없던 자동차들에 대해 알아보기 시작했다. 우리는 하나님이 허락하시면, 당시에 저렴하면서도 고장이 나지 않는 것으로 유명했던 차를 사리라고 마음을 먹었다.

그러던 어느 날, 알고 지내던 선교사님 한 분이 우리 집을 방문하셨다. 밤늦도록 이야기하며 그분의 선교지 사정과 가정사에 대해 듣는데, 하나님이 우리 부부의 마음에 무언가 말씀하시는 것을 느꼈다. 그분은 우리보다 훨씬 더 돈이 필요한 상황이었다. 이윽고 그분은 잠자리에 들었지만, 우리 부부는 착잡한 마음에 잠을 이루지 못하고 있었다. 우리는 하나님이 무엇을 말씀하시는지 알았다. 결국 그날 밤 우리는 수표책을 꺼내어, 차를 사려고 모아 둔 액수를 적었다. 사실 그 돈은 당시 우리가 가지고 있던 전부나 마찬가지였다. 우리는 아침이면 마음이 혹 변할까 걱정이 되어 바로 수표를 봉투에 넣어 봉했고, 이튿날 떠나시는 선교사님께 건네 드렸다.

그리고 그 주 주말에 둥둥거리는 '밀림의 북소리'를 타고 성경공부를 인도하러 뉴욕에 가면서, 나와 아내는 서로 바라보며 웃었다. 마음 한구석은 허전했지만, 마음 더 깊은 곳에는 기쁨이 있었다.

그날 여느 때처럼 성경공부를 마친 후 다 같이 커피숍에 모였을 때, 그날 따라 한 젊은 의사 부부가 우리 부부 바로 옆에 앉았다. 그러면서 중요한 부탁이 있으니 꼭 들어주셔야 한다고 말하는 것이었다. 나는 웬만하면 들어줄 테니 말해 보라고 했다. 그러자 그들은 우리 부부가 프린스턴에서부터 뉴욕까지 그 먼 길을 고장이 잘 나는 차를 타고 다니는 것이 계속 마음에 걸렸다고 하며, 6개월 넘게 기도한 끝에 우리에게 차를 사 주기로 했으니 꼭 받아 달라고 했다. 그들은 무슨 차를 살지도 이미 결정했다고 했는데, 들어 보니 우리가 사려고 계획했던 바로 그 차였다. 우리는 그만 할 말을 잃고 말았다. 그리고 이 부부가 전해 준 하나님의 선물을 감사함으로 받았다. 그 후 10년 가까이 그 차를 탔는데, 그 차를 타고 다닐 때에는 언제나 마음이 든든했다. 하나님이 우리에게 마치 부활과 같이 선물로 주신 차였기 때문이다.

이집트에서 파라오의 공주의 아들로 자라났던 모세는 40년 동안 이국땅 미디안 광야에서 남의 집 노동을 하며 살아야 했다. 호렙 산에서 불꽃 가운데 하나님을 만나던 날에도 그는 장인 이드로의 양을 치고 있었다. 처음부터 광야에서 도망자로 살았던 그에게는 아무 재산도 없었던 듯하다. 아마 모세가 자신의 것이라고 말할 수 있던 것은 손에 들고 있던 초라한 지팡이 하나뿐이었을지도 모른다. 그러나 하나님은 그 보잘것없는 지팡이를 하나님의 지팡이로 바꾸어 주셨다. 우리의 것이 하나님의 것으로 바뀔 때, 우리는 하나님이 맡기신 일들을 능히 감당할 수 있다.

둘째, 지팡이는 우리가 우리 몸을 의지하며 걷는 것이다. 인생길을 걸을 때 우리는 무엇에 의지하며 걷는가? 물론 우리에게는 많은 것이 필요하다. 그러나 혹시 우리에게 하나님과 그분의 말씀보다 더 신뢰하고 의지하는 것이 있는가? 그것이 우리의 사업인가? 우리의 가족인가?

4. 네 번째 질문: "네 손에 있는 것이 무엇이냐?"

안정되고 좋은 직장인가? 재산인가? 세상은 우리에게 "쌓아 놓은 돈보다 우리의 마음을 든든하게 해주는 것은 없다"라고 말한다.

나는 불의와 타협하지 않고 하나님의 말씀대로 살기 위해 직장을 떠나야 했던 경험이 두어 번 있다. 그때마다 아내는 자기는 걱정하지 말고 내 마음에 하나님이 말씀하시는 길을 걸으라고 격려해 주었다. "저는 괜찮아요. 당신 마음에 믿는 바대로 결정하세요. 우리는 처음부터 다시 시작할 수 있어요."

젊었을 때나 아직 인생의 기회가 많이 있을 때는 다시 시작할 수 있다고 말하기 쉽다. 하지만 인생의 후반기에 내 평생의 직장이라고 생각했던 곳을 떠나, 갈 바를 모르는 채로 처음부터 다시 무언가를 시작하기란 쉬운 일이 아니었다. 하지만 아내는 젊었을 때와 똑같이 내가 믿음의 걸음을 걷도록 격려해 주었다. 나는 변함없이 믿음의 걸음을 함께 걸어 준 아내에게 마음 깊이 감사한다.

선한 삶을 살아왔던 한 젊은이가 제자가 되기 원하여 예수님을 찾아온 일이 있었다. 마가복음에 의하면 예수님은 그를 향한 사랑으로 "네게 아직도 한 가지 부족한 것이 있으니 네게 있는 것을 다 팔아 가난한 자들에게 나눠 주라 그리하면 하늘에서 네게 보화가 있으리라 그리고 와서 나를 따르라"(눅 18:22)고 말씀하셨다. 그는 제자로서 예수님을 따를 수 있는 특권을 받았다. 그러나 성경은 "그 사람이 큰 부자이므로 이 말씀을 듣고 심히 근심"(눅 18:23)했다고 한다. 이처럼 돈 때문에 하나님을 섬기지 못하는 사람이 얼마나 많은가? 돈 때문에 하나님을 잘못 섬기는 사람이 얼마나 많은가? 우리는 먼저 하나님 나라를 구하고 있는가? 우리는 그러면 우리에게 필요한 모든 것을 채워 주겠다고 말씀하신 하나님의 약속을 믿는가?

사랑으로 순종하는 것은 핍박과 아픔도 감수하는 것

셋째, 지팡이는 우리를 위험에서 보호하고 방어해 주는 도구다. 때로 우리는 하나님의 부르심을 성취하기 위해 자신을 보호하고 방어하던 것을 내려놓아야 할 때가 있다.

현대의 극심한 생존 경쟁 시대를 살면서, 또 미움과 질시가 가득한 세상을 살면서 우리는 점점 더 사람을 신뢰하지 못하게 되었다. 나이가 들면 들수록 우리는 사람을 더 신뢰할 수 없게 되고, 마음의 방어벽은 두꺼워져만 간다. 많은 사람이 얼굴과 마음에 가면을 쓰고 산다. 그리고 그것을 처세술이라 부른다.

그러나 하나님은 우리를 사랑을 위해 부르셨다. 그리고 사랑은 우리 마음의 벽을 헐 때에만 비로소 가능하다. 사랑은 마음에서부터 흐르는 것이기 때문이다. 사랑은 사람들을 믿어 주는 것이고, 사랑은 사람들의 최선을 바라는 것이며, 사랑은 내 아픔을 참고 오래 기다리는 것이다. 사랑할 때 우리는 사랑하는 사람들에게서 상처를 받을 수도 있다. 아니, 사랑할 때는 상처를 받는 것이 당연하다. 우리 주님은 우리를 사랑하기 위해 연약한 아기로 태어나셔서 가장 힘들고 멸시받는 길을 걷지 않으셨는가? 그리고 결국 사랑이 주님을 죽게 하지 않았는가?

하나님의 사랑을 실천하기 위해 나를 보호하는 지팡이를 내려놓을 때, 주님은 나의 목자가 되어 하나님의 지팡이로 나를 지켜 주신다. 사망의 골짜기를 지날 때에도 두렵지 않도록 주의 지팡이가 나를 안위하신다. 하나님은 나를 그분의 손바닥에 새기시고, 그분의 오른팔로 지키시며, 그분의 날개 아래 보호해 주신다. 그리고 자신의 눈동자처럼 우리를 지켜 주신다. 누가 감히 하나님의 눈동자를 건드릴 수 있단 말인가? 우리는 하늘을 나는 새들보다도, 오늘 돋아나 내일 지는 들풀보다도 얼마나 더 귀중한가? 참새 한 마리도, 우리의 머리카락 한 올도, 주님의 허락이 없으면 떨어지지 않는다!

하지만 여기서 분명히 할 것은, 하나님이 우리를 지켜 주신다는 것이 우리가 상하지 않고 불이익을 당하지 않는다는 뜻은 아니라는 것이다. 히브리서는 우리를 앞서 간 많은 믿음의 선배가 기꺼이 받았던 온갖 종류의 어려움을 이야기하며, 우리도 그런 믿음의 길을 가라고 격려한다. 주님은 믿음으로 살았기에 자신이 경험했던 온갖 어려움이 그분을 따르는 우리에게도 있을 것을 기억하라고 말씀하신다.

> 내가 너희에게 종이 주인보다 더 크지 못하다 한 말을 기억하라 사람들이 나를 박해하였은즉 너희도 박해할 것이요 요 15:20

그렇다. 무릇 그리스도 예수 안에서 경건하게 살고자 하는 사람들은 핍박을 받을 것이다(딤후 3:12 참고). 하나님은 우리가 믿음으로 우리의 보호막을 내려놓을 때 우리의 삶이 안전해진다고 보장하지 않으셨다. 어려움과 환난이 없을 것이라고 말씀하지 않으셨다. 우리의 보호막을 내려놓는 일은 오히려 세상의 어려움에 우리를 더 노출하는 것일 수도 있다. 그러나 주님은 우리에게 이렇게 말씀하신다.

> 세상에서는 너희가 환난을 당하나 담대하라 내가 세상을 이기었노라
> 요 16:33

하나님의 길은 우리의 어려운 상황을 없애 주시는 것이 아니다. 하나님의 길은 우리가 모든 상황을 넘어서, 승리를 얻게 한다. 하나님을 경외하는 삶을 살려는 마음으로, 수많은 믿음의 선배가 모든 불이익을 마다치 않고 믿음의 길을 걸어갔다. 이 세상은 큰 조직이다. 모든 조직에는 그 나름대로 규범이 있으며, 그것을 따르지 않는 자들이 어려움을 겪는 것은 당연한 일이다. 우리가 참된 하나님의 사람이라면 우리는 세상에 살지만, 세상에 속하지 않는 존재다. 즉, 우리는 세상과는 다른 원칙으로 살아가는 사람들이다. 그리고 세상 사람들이 사는 방식을 거슬러 살아가는 삶은 여러 가지 어려움을 동반하곤 한다. 하나님은 우리가 믿음 가운데서 그분의 뜻대로 살 때 그로 말미암은 어려움이 없으리라고 말씀하지 않으셨다. 다만 우리의 모든 필요를 알고 계시며, 우리가

4. 네 번째 질문: "네 손에 있는 것이 무엇이냐?"

이길 수 있도록 돕겠다고 약속하셨다.

핍박에도 타협하지 않은 다니엘을 지켜 주신 하나님

유다가 바벨론에 멸망한 후, 하나님을 섬기던 다니엘과 그의 세 친구는 바벨론 정부에 의해 선발되어 바벨론으로 끌려갔다. 그곳의 언어와 문화를 배우게 하여 바벨론을 위해 일하는 인재로 사용하기 위해서였다. 하지만 다니엘과 세 친구는 바벨론 사람들의 관습과 문화를 따라 살지 않고 믿음의 길을 지켰다. 다니엘은 지혜와 능력이 인정되어 왕의 궁전에 머물며 왕의 책사들의 우두머리가 되었고, 세 친구도 바벨론의 지방 행정관으로 등용되었다.

한번은 느부갓네살 왕이 자기가 섬기는 신을 위한 금 신상을 만들어 그것을 바벨론의 한 평지 지방에 세웠다. 그러고는 신상 제막식에 모든 지방 관리를 불러 그 앞에 절하게 하며, 앞으로 큰 악기 소리가 날 때 그 신상에 절하지 않으면 누구든지 당장 불에 던지겠다고 선언했다. 하지만 다니엘의 세 친구는 신상에 절하지 않았고, 결국 왕 앞에 불려 갔다. 느부갓네살 왕이 그들에게 말했다. "너희가 정녕 내 신상에 절하지 않았단 말이냐? 이제 악기 소리가 날 때에 너희가 절을 하면 너희를 살려 주고, 절을 하지 않으면 즉시 화덕에 던져 넣겠다." 이에 그들은 왕에게 이렇게 대답했다.

느부갓네살이여 우리가 이 일에 대하여 왕에게 대답할 필요가 없나이다 왕이여 우리가 섬기는 하나님이 계시다면 우리를 맹렬히 타는 풀무불 가운데에서 능히 건져내시겠고 왕의 손에서도 건져내시리이다 그렇게 하지 아니하실지라도 왕이여 우리가 왕의 신들을 섬기지도 아니하고 왕이 세우신 금 신상에게 절하지도 아니할 줄을 아옵소서 단 3:16 –18

"그렇게 하지 아니하실지라도." 이 얼마나 아름다운 말인가? 이 말에 진노한 느부갓네살 왕은 풀무불을 평소보다 일곱 배나 더 강하게 하라 명한 뒤, 그들을 그대로 묶어 화덕으로 던져 넣으라고 명령했다. 그리고 하나님은 이때 그들이 털끝 하나도 상하지 않게 보호하셨다. 하지만 하나님이 그렇게 하지 아니하셨을지라도 그들의 마음은 이미 정해져 있었다. 중요한 것은 이 믿음을 지키는 것이 아닌가?

그들처럼 신앙을 지키다가 결국 불에 타서 죽어 간 믿음의 선배들이 많다. 히브리서 기자는 우리의 많은 믿음의 선배가 조롱을 받고, 채찍에 맞고, 결박을 당하고, 감옥에 갇히고, 돌에 맞고, 톱질을 당하고, 칼에 맞아 죽고, 궁핍과 고난과 학대를 받으며 떠돌았다고 기록한다(히 11:36-38 참고). 그들은 앞으로 올 더 나은 것을 위하여 약속된 것을 받지 못했다. 하지만 하나님은 그들의 믿음과 소망과 사랑을 지켜 주셨다. 우리가 처음 가졌던 사랑, 그 순수한 사랑을 저버리지 않도록 지켜 주시는 것보다 더 중요한 것이 어디 있으랴? 보이는 것은 잠깐이고 보이지 않는 것은 영원하다는 사실을 볼 수 있는 사람은 복되다.

4. 네 번째 질문: "네 손에 있는 것이 무엇이냐?"

다니엘서에 의하면 메대의 다리오가 왕이 된 후 그는 특별히 다니엘을 깊이 신임했다. 다니엘을 시기하고 질투했던 신하들은 그의 흠을 잡으려고 애썼지만, 그들은 다니엘이 하는 일에서 아무런 흠을 찾을 수 없었다. 그러자 그들은 꾀를 내어, 다리오 왕으로 하여금 30일 동안 왕 외의 그 누구에게도 기도하지 못하게 하는 법령을 반포하게 했다. 그들은 다니엘이 날마다 하루에 세 번씩 하나님께 기도하는 것을 알았기에, 그 법령이 다니엘을 없앨 수 있는 명분이 되리라 생각했다. 그들의 예상대로 다니엘은 법령이 반포된 후에도 역시나 기도를 계속했고, 다시 고칠 수 없는 법인 금령의 특성에 따라 신하들이 이를 고소하자, 다리오 왕은 어쩔 수 없이 다니엘을 사자 굴에 던져 넣으라고 명했다. 그러나 그날 밤 하나님은 사자의 입을 막아 다니엘을 지키셨다. 다리오는 기뻐하며 다니엘을 다시 등용했고, 다니엘 대신에 그를 고소한 신하들을 사자 굴에 던져 넣었다.

다니엘과 세 친구의 이야기는 그 옛날, 사람들이 여러 다른 신을 섬기던 때 적용되는 이야기인 것만이 아니다. 오늘도 우리는 이 세상에서 이들처럼 갈림길에 설 때가 많다. 세상의 신을 섬긴다는 것은 하나님이 아닌 다른 것을 위해 사는 것이 아닌가? 이 세상은 재물과 권력, 안전, 쾌락이라는 신을 섬긴다. 사람들은 그것들을 얻기 위해, 또 자신이 가진 것들을 보호하고 유지하기 위해 다른 사람을 해하거나 비윤리적인 행동을 한다. 그리고 자신의 잘못을 지적하거나 자신과 타협하지 않는 이들에게는 불이익을 준다. 돈과 이권과 권력이 있는 곳에는 항상 그것을 손쉽게 얻으려는 자들이 서로 야합하고, 서로 속고 속인다. 대부분 직장에서는 여러 가지 비윤리적인 행위가 은밀하게 강요된다. 세상은 우리로 하여금 생존경쟁에서 살아남고 자기를 보호하면서 살라고 가르친다. 세상은 다른 사람을 섬기는 삶, 하나님의 사랑 안에서 사는 삶을 전혀 이해하지 못한다. 진정으로 그리스도의 가르침을 따르는 사람은 세상의 눈에는 연약한 자, 패배자, 세상을 살아갈 줄 모르는 어리석은 자로밖에 보이지 않는다.

주님은 우리에게 뱀처럼 지혜롭고 비둘기처럼 순결하라고 하셨다. 다니엘은 권력과 부의 중심이 되는 곳에 있었다. 옛날이나 지금이나 돈과 명예, 권력이 있는 곳에는 이권을 추구하는 자들이 모여든다. 그리고 그런 곳에는 지식과 능력이 있고 일을 잘 꾸미는 사람들이 많이 모인다. 그들은 뛰어난 처세술로, 자신을 돕는 자는 돕고 자신의 이익에 방해가 되는 자들은 고립시키고 제거하는 데 능숙하다.

다니엘은 그런 사람들 가운데서 일했다. 다니엘은 자기가 따르는 올바른 원칙들이 이런 사람들에게는 아주 불편한 것임을 잘 알았다. 그는 이권을 추구하는 사람들, 자신을 시기하고 질투하는 사람들이 항상 자기를 없애려 한다는 것도 잘 알았다. 그는 자신에게 주어진 모든 일을 흠 잡힐 것 없이 처리했다. 자신을 음해하려는 자들이 다리오 왕으로 하여금 법을 반포하도록 뒤에서 꾸밀 때, 다니엘은 그보다 앞서 그들의 음모를 왕에게 밝힐 수도 있었을 것이다. 아니면 최소한 왕에게 허락을 얻은 후 창문을 닫고 기도할 수 있었을지도 모른다. 아니면 자신이 먼저 정적들의 악함을 드러내 버림으로써 그런 일이 일어나지 않도록 미리 방지할 수 있었을지도 모른다.

그러나 그는 세상의 길을 걷지 않았고, 그가 세운 삶의 원칙을 굽혀서 자신을 보호하려 하지 않았다. 성경에는 "다니엘이 이 조서에 왕의 도장이 찍힌 것을 알고도 자기 집에 돌아가서는 윗방에 올라가 예루살렘으로 향한 창문을 열고 전에 하던 대로 하루 세 번씩 무릎을 꿇고 기도하며 그의 하나님께 감사하였더라"(단 6:10)고 기록되어 있다. 그는 어떤 결과가 자신에게 닥쳐올지 알면서도, 자신의 마음과 하나님을 향한 신의를 지켰다. 성경에는 하나님이 그를 사자 굴에서 구해 주겠노라 미리 약속하셨다는 기록이 없다. 그렇다면 사자 굴에 던져질 당시 다니엘의 마음은 어땠을까? 그는 하나님의 살아 계심을 알고 체험한 사람이었다. 그는 하나님이 원하신다면 얼마든지 자신을 곧 닥칠 곤경에서 구해 주시리라 믿었다. 하지만 만약 그렇게 하지 아니하셨을지라도, 자신의 믿음을 위해 죽을 준비가 되어 있지 않았을까?

불의에 타협하지 않게 하신 하나님

기독교 대학의 고등학문 연구소 소장으로 있을 때다. 어느덧 연구소가 생긴 지 2년이 되어 가면서 점점 연구 활동이 왕성해지고, 외부에서 기금도 들어오기 시작하고, 세계적으로 영향력 있는 프로젝트도 시작하게 되었다. 그런데 돈과 명예가 생기기 시작하자 대학의 전 총장이자 가장 영향력이 큰 인물이었던 연구소 고문이 내게 압력을 가하기 시작했다. 그는 자신에게 실권을 넘기라고 요구하며, 자신의 비서를 통해 총장과 나를 점점 강하게 압박해 왔다. 그는 날마다 비서와 함께 나를 책잡을 만한 일을 만들어 냈지만, 나는 그의 부당한 요구에 전혀 응하지 않았다.

한번은 그분이 나를 자신의 사무실로 불렀다. 그는 몸집이 컸을 뿐 아니라 그 주에서 이종 격투기 무예인으로 으뜸가는 사람이었다. 그의 의자 뒤에는 일장도 두 개가 나란히 걸려 있었는데, 그는 자신은 맨손으로 4초 만에 사람의 목숨을 끊을 수도 있다고 말하며 실권을 넘길 것을 종용했다. 그리고 그 당시 캠퍼스를 넓히기 위해 캠퍼스 뒤편 숲의 땅을 파는 공사가 진행 중이었는데, 그 공사 책임자가 총장에게 말하기를 처리하고 싶은 사람이 있으면 아무도 모르게 묻어 주겠노라 했다며 나를 협박하기까지 했다.

나는 어떻게 그리스도인이 돈과 권력을 위해서 사람의 생명을 위협하기까지 할 수 있는지 정말 이해가 되지 않았다. 그의 압력과 모함은 몇 달 동안 쉬지 않고 계속되었다. 결국은 나의 선임이었던 총장이 내게 안식년을 갖고 잠시 학교를 떠나 있으라며 빌다시피 부탁해 왔다. 총장은 내게 아무런 잘못이 없음을 잘 알지만, 대학의 이사회를 장악하고 있는 그 사람을 자신도 어떻게 할 수 없으니 도와 달라며 사정했다. 사실 나는 나의 권리를 지키고 나의 정당함을 얼마든지 변호할 수 있었

4. 네 번째 질문: "네 손에 있는 것이 무엇이냐?"

다. 그 연구소를 가장 크게 후원하고 있던 기관의 회장과도 잘 알고 있었기에 그에게 사정을 이야기할 수도 있었다. 그러나 그때, 분열과 싸움이 있던 고린도 교회에 바울이 보낸 편지가 내 마음에 다가왔다.

> 왜 차라리 불의를 당해 주지 못합니까? 왜 차라리 속아 주지 못합니까? 그런데 도리어 여러분 자신이 불의를 행하고 속여 빼앗고 있으며, 그것도 신도들에게 그런 짓을 하고 있습니다 고전 6:7-8, 새번역

비록 내가 원치 않았더라도, 그리스도의 이름으로 운영되는 기관에서 권력을 놓고 다툼을 벌인다는 것은 얼마나 부끄러운 일인가? 나는 평화를 위해 그곳을 조용히 떠나기로 했다. 그리고 영국의 케임브리지 대학에서 안식년을 갖게 되었다.

그리고 다시 미국으로 돌아온 지 8년이 지났다. 그때 나는 한 재단에서 첨단의 수학과 물리학의 가장 근본적인 분야의 연구를 개발하고 지원하는 책임을 맡고 있었다. 그 재단 창설자가 나와 깊은 대화를 나눈 후 우리의 비전이 같다는 사실을 확인하여, 함께 일하자며 나를 초대했던 것이다. 그 재단 창설자는 자연을 이해하면 할수록 우주의 궁극적 실체인 하나님에 대해 더 알게 되며, 인류는 하나님을 이해하는 능력에 제한이 많으므로 항상 열린 마음과 겸손한 마음으로 진리를 추구해야 한다고 믿는 분이었다. 그런데 그 창설자가 돌아가신 후, 그분의 아들이 새로운 총재가 되면서 리더십에 변화가 생기기 시작했다. 그

후로 몇 년이 지난 어느 해의 첫날, 주님은 나에게 아주 분명히 이사야 43장 1-2절 말씀을 주셨다.

> 야곱아 너를 창조하신 여호와께서 지금 말씀하시느니라 이스라엘아 너를 지으신 이가 말씀하시느니라 너는 두려워하지 말라 내가 너를 구속하였고 내가 너를 지명하여 불렀나니 너는 내 것이라 네가 물 가운데로 지날 때에 내가 너와 함께 할 것이라 강을 건널 때에 물이 너를 침몰하지 못할 것이며 네가 불 가운데로 지날 때에 타지도 아니할 것이요 불꽃이 너를 사르지도 못하리니.

하나님은 내가 곧 어려움을 지나게 되리라고 말씀하고 계셨다. 며칠이 지나지 않아 나는 왜 하나님이 이 말씀을 주셨는지 알게 되었다. 나와는 다른 부서에서 일하던 디렉터가 부총재로 선임되었는데, 그는 본래 그 재단의 창설자도, 그분의 의도도 알지 못하는 사람이었으나, 사람들의 마음을 사는 법과 거짓과 술수로 다른 사람을 제거하는 수단에 능숙한 사람이었다. 나는 그가 다른 부서에 있을 때 한 일들, 돈과 직책 문제에 관련된 여러 가지 비윤리적인 문제들을 알고 있었다. 그리고 진리에 대한 그의 태도는 재단의 창설자와는 정반대편의 입장이라는 것도 알고 있었다. 하지만 그는 자신이 성경적 세계관에 따라 거의 모든 진리를 파악하고 있다고 믿는 사람이었고, 자신이 그 재단을 이끌어 가기에 가장 적합한 사람이라고 총재를 설득했다. 나는 그가 부총재로 선임

되기 전, 그가 비윤리적으로 처리했던 일들이나 독단적인 생각에 대하여 그에게 여러 번 이야기한 적이 있었으므로 그는 나를 매우 불편하게 생각했다. 그는 자신이 부총재가 된 직후 자신의 허락이 없이는 아무도 총재와 대화할 수 없게 하고, 총재와 내가 대화할 때면 꼭 자신이 참석하도록 했다. 혹시라도 내가 총재에게 자기에 대한 사실을 이야기할까 경계한 것이었다.

몇 달이 지나지 않아 내가 담당하는 부서에서 일하는 스태프들은 그의 의도를 분명히 알게 되었다. 그는 자신의 권력을 사용하여 내가 하는 일마다 막거나 못하게 방해하고, 뒤에서는 내가 능력이 없으므로 다른 사람으로 바꾸어야 한다고 말하고 다녔다. 그가 나에 대해 쓴 평가서는 조작과 편견으로 일관된 것이었다. 그는 그동안 가장 창조적인 프로젝트들을 개발하고 가장 실적이 좋던 디렉터였던 나를 하루아침에 가장 무능한 디렉터로 바꾸어 놓았다. 그는 매일매일, 이 핑계 저 핑계를 들고, 이 조건 저 조건을 내세우며, 나와 우리 스태프들이 아무 일도 할 수 없게 만들었다. 그래도 우리는 근면과 인내로 그가 만들어 놓은 모든 어려운 조건을 극복하고, 총재와 학계가 인정하는 여러 가지 프로그램을 이루어 냈다.

연말이 되자 그는 이런저런 핑계들로 나를 책잡을 수 없다는 것을 알고는, 이제는 내가 자신의 리더십을 따르지 않으며 팀워크를 해치는 사람이라고 참소하고 다니고 있었다. 연례 평가의 날이 가까이 오고 있었고, 나는 그날이 내게 무엇을 의미하는지 알고 있었다. 아마도 그날은 이 재단에서 일하는 마지막 날이 될 것이었다. 나는 가족에게, 그리고 스태프들에게 마음의 준비를 하라고 부탁했다.

그렇게 온갖 모함을 받던 1년 내내, 나는 이 모든 일에 어떻게 대처해야 하는지를 놓고 기도해 왔다. 나를 어렵게 하는 그가 마음을 돌이키도록 기도했고, 나를 미워하는 사람을 내가 미워하지 않고 주어진 일을 충성스럽게 다하도록 도와 달라고 기도했다. 나는 그가 하려는 일과 그의 술수를 잘 알고 있었기에, 방어할 수 있는 방법도 미리 생각해 보았다. 나는 모든 증거와 증인을 모아서 총재에게 진실을 보여 줄 수도 있었고, 나를 음해하는 말들이 거짓임을 증명해 보일 수도 있었다. 그러나 기도할 때마다 하나님은 '너는 잠잠히 있어 내가 하나님임을 알라' 혹은 '하나님이 친히 행하시겠다'는 말씀을 주셨다. 또 나를 안전한 곳에 세워 주겠다는 예언도 주셨다. 그래서 나는 다른 사람을 참소하거나 구차하게 나를 위해 변명하지 않기로 했다. 나는 하나님이 친히 나를 보호해 주시리라고 믿었다.

연례 평가의 날, 나는 하나님께 사명으로 받았다고 믿었던 직장에서 해고되었다. 그러나 그 선고를 듣는 나의 마음에는 평안함이 있었다. 내부서에서 일하던 어떤 스태프는 이렇게 부당한 일이 일어난 곳에서 더는 일할 수 없다며 사직서를 제출했다. 여러 스태프가 권유했음에도 나는 총재를 찾아가지 않았다. 다만 그동안 보람된 일을 할 수 있는 기회를 주셔서 감사하다는 짧은 글만을 남겼다. 나는 내 지위를 위해, 그리고 나의 정당함을 보이기 위해 싸우지 않은 나를 어리석게 보는 사람들

4. 네 번째 질문: "네 손에 있는 것이 무엇이냐?"

도 있음을 알았지만, 굳이 나를 변호하지 않아도 하나님이 얼마든 나를 해하려는 자의 손에서 나를 지켜 줄 수 있으심을 알았다. 그러나 하나님은 나를 변호해 주지 않으셨고, 나는 그 이유를 모른다. 다만 내가 그 재단을 떠나던 날, 스태프 중 한 사람이 하나님의 손이 내려와 나를 옮기시는 환상을 보았다고 했다. 하나님은 우리보다 더 넓고 깊은 시각으로 어떤 상황을 바라보신다. 하나님이 어떻게 하시든 상관없이, '그리 아니하실지라도', 나는 하나님이 주신 마음을 따라 나를 보호할 수 있는 지팡이를 내려놓은 것이 기쁘다. 그리고 내가 사람을 미워하지 않고 오히려 불쌍하게 여기도록 주님이 함께해 주신 것이 감사하다.

**하나님을 섬기는
우리의 도구의 실체**

마지막으로, 지팡이는 우리가 하나님을 섬기는 도구, 혹은 그리스도의 몸을 섬기고 있는 도구를 상징한다.

    하나님이 "네 손에 있는 것이 무엇이냐?"고 물으시자 모세는 "지팡이니이다"라고 대답했다. 하나님은 그에게 "그것을 땅에 던지라"고 말씀하셨다. 모세가 지팡이를 땅에 던지니, 지팡이는 뱀이 되었다.

    우리는 우리가 하나님, 그리고 교회를 섬긴다고 하는 우리의 도구들을, 언젠가 한번은 하나님의 임재하심이 있는 거룩한 땅에, 불꽃 같으신 하나님의 눈앞에 내려놓는 경험을 해야 한다.

모세는 양들을 치는 데 사용하던 자신의 지팡이가 하나님의 거룩한 땅에 닿았을 때에 시험과 위험, 저주, 그리고 죽음의 상징인 뱀이 되는 것을 깨달았다. 아, 얼마나 많은 사역자가 하나님을 섬긴다고 고백하면서도, 실제로는 그들 자신의 노력과 재능으로 하나님의 백성을 유혹에 빠뜨리고, 죽음의 길로 이끌어 가고 있는가! 나는 그들의 동기가 잘못되었다고 하는 것이 아니다. 그들이 하나님과 그리스도의 몸을 진정으로 사랑하지 않았다는 말이 아니다. 다만 아무리 하나님이 받으실 만한 동기라 할지라도, 그것으로 하나님을 섬길 수는 없다는 것이다. 우리의 도구가 하나님 앞에서 철저히 변화되어야 한다.

내 힘으로 하는 사역들의 실체, 우리가 교회를 섬긴다고 하는 도구들의 진정한 실체를 보고 경악하고 슬퍼하고 회개해야 할 때가 있다. 우리가 하나님께 진정으로 사용되기 위해서는, 모세의 지팡이가 하나님의 임재하심 앞에서 변화되었던 것처럼 우리의 도구들도 하나님이 주신 것들로 온전히 새롭게 변화되어야 할 것이다.

성경은 자기 백성이 고난당하는 것을 본 모세가 하나님과 자기 백성을 위해 살기로 시작했을 때의 일을 이렇게 기술한다.

모세가 애굽 사람의 모든 지혜를 배워 그의 말과 하는 일들이 능하더라 나이가 사십이 되매 그 형제 이스라엘 자손을 돌볼 생각이 나더니 한 사람이 원통한 일 당함을 보고 보호하여 압제받는 자를 위하여 원수를 갚아 애굽 사람을 쳐 죽이니라 그는 그의 형제들이 하나님께서 자기의

손을 통하여 구원해 주시는 것을 깨달으리라고 생각하였으나 그들이 깨닫지 못하였더라 행 7:22–25

모세는 젊고 유능한 사람이었다. 그는 파라오의 공주의 아들로 자라나면서 황실의 교육을 받았다. 옛날 황실 교육의 기본 과목들에는 무예, 전략, 연설, 정치, 행정 등이 모두 포함되어 있었다. 모세는 사람들에게 어떻게 동기를 주고 조직하고 이끌고 사용하는지 배우며 지도자 교육을 받았다. 그리고 장성한 후 이제는 마침내 하나님의 섭리 가운데 자신 안에 준비된 것들을 사용할 때가 되었다고 믿고, 그렇게 행동하기 시작했다. 그는 자신이 앞장서서 행하면, 하나님이 자신을 파라오의 딸의 양자로 삼아 수십 년 동안 문무를 갖추게 하여 히브리인들을 이집트의 학정에서 구원해 내는 자로 크게 사용하기로 계획하셨음을 히브리인들이 깨닫게 되리라 생각했다.

그러던 어느 날 모세는 한 히브리 사람이 이집트 사람에게 억울한 일을 당하는 것을 보았고, 그 이집트 사람을 죽여서 동족의 원한을 풀어 주었다. 그러나 히브리인들의 생각은 모세와 달랐다. 다음 날 한 히브리인이 자신의 동족을 학대하는 것을 보고 모세가 그를 말리자, 그가 모세를 배척하며 이렇게 말했던 것이다. "누가 당신을 우리 재판관으로 세웠단 말이오? 어제는 이집트인을 죽이더니, 오늘은 나를 죽일 셈이오?" 모세는 자기가 이집트인을 죽인 사실이 드러난 것을 알고, 또 자기 백성이 자기를 따르지 않는다는 사실을 깨닫고 광야로 피신했다. 동족을 도운 행위는 하나님을 위한 그의 헌신에서 나온 것이었지만, 처음부터 무언가 잘못된 일이었다. 모세는 이해할 수 없었다. '사람들은 왜 나를 따르지 않는 거지? 하나님이 나를 부르신 것이 분명한데도 왜 나를 돕지 않지?' 모세가 하나님의 백성을 위해 왕자의 영화를 버리고 '하나님의 일'을 하려고 했을 때, 그의 행동은 결과적으로 죽음과 실패만을 가져왔다.

 오늘도 많은 사역자가 자신의 사역이 잘 풀리지 않을 때, 자신은 분명히 하나님의 뜻을 따라 일했고 하나님 앞에서 준비되었는데 다른 이들이 자신의 리더십을 따라 주지 않아서 그렇게 되었다고 말한다. '그 사람들이 하나님의 뜻을 깨달았더라면!' 혹은 '그 사람들이 준비되었더라면!'이라고 생각하는 것이다. 혹시 이것이 바로 우리가 느끼고 있는 안타까움은 아닌가? 그러나 하나님의 안타까움은 다르다. 하나님이 안타까워하시는 것은, 우리가 하나님을 섬긴다고 하면서 우리 섬김의 도구들은 아직 변화되지 않았기 때문이다.

 그리고 그 후로 40년이 지났다. 모세는 어느덧 80세가 되었다. 그는 이제 아무도 찾는 이 없는 광야의 시골 마을에서 남의 양을 돌보는 별 볼 일 없는 늙은 목자일 뿐이었다. 그가 불붙은 떨기나무 앞에서 하나님을 만났을 때 하나님과 대화한 내용을 보면, 젊었을 때 가졌던 하나님에 대한 열정과 백성에 대한 소망을 더는 느낄 수 없다. 그는 다만 자기는 아무것도 할 수 없는 무능한 자라는 것을 깨달은 늙은이일 따름이었다. 하나님은 그를 파라오에게 보내어 이스라엘 백성을 해방시키겠다고 하셨지만, 모세는 이렇게 대답했다. "제가 무엇이기에 감히 파라오에게 가서 이스라엘 자손을 이집트로부터 이끌어 낼 수 있겠습니까? 더구나 저는 입이 둔하고 혀가 무딘 사람입니다. 그러니 주님, 보낼 만한 사람을 보내십시오."

여기 하나님께 다루심을 받아 철저히 낮아진 사람이 하나 있다. 그는 이제는 육신에 속한 것들을 의지하지 않게 되었다. 이제는 자신의 힘, 지혜, 판단, 명성, 가진 것을 의지하지 않는 사람이 되어 있었다. 그는 자기 자신으로서는 아무것도 할 수 없는 사람, 하나님께서 하지 않으시면 아무것도 할 수 없는 비워진 그릇이 되었다. (하나님이 '광야의 학교'를 통해 모세를 다루신 일에 대한 더 자세한 이야기는 나의 다른 책 《성령의 학교》에서 다루었다.)

모세가 40년 전 자기 백성을 도우려 했을 때, 왜 하나님도 자신의 백성을 구하고 싶지 않으셨겠는가? 이스라엘 백성이 고된 노역으로 힘들어하며 부르짖을 때, 왜 하나님도 그들을 당장 돕고 싶지 않으셨겠는가? 그런데 왜 40년이 지난 지금에야, 수많은 사람이 죽고 학대당하고 괴로움을 당한 후에야 하나님은 모세를 부르신 것일까?

40년이라는 세월이 지나고 모세의 마음속에서 백성의 구원에 대한 소망이 사라져 갈 때, 하나님은 자기 백성을 향한 변함없이 불타는 사랑을 불붙은 떨기나무 가운데에서 모세에게 보여 주셨다. 그리고 하나님은 자신의 마음을 모세에게 말씀하셨다. "나는 이집트에 있는 나의 백성이 고통받는 것을 똑똑히 보았고, 억압 때문에 괴로워서 부르짖는 소리를 들었다. 나는 그들의 고난을 분명히 안다." 하나님은 그동안 무엇을 하고 계셨는가? 그분의 일을 하나님의 뜻대로, 하나님의 방법대로, 하나님의 마음을 가지고 행할 사람을 기다리고 계셨다. 그 40년 동안 하나님은 광야에서 모세라는 그릇을 빚고 계셨다.

철저히 깨어지고
낮아져야 하는 우리의 마음

하나님은 모세를 부르면서 두 가지 이적을 보여 주셨다. 이 두 가지 이적은 하나님의 일꾼으로 부르심 받은 이들이라면 모두 꼭 경험해야 할 하나님의 계시와도 같은 것이다. 모세가 거룩한 땅에 지팡이를 던졌을 때 그것은 뱀으로 변했다. 그리고 하나님의 명령에 따라 그 뱀을 집어 들자 뱀은 다시 지팡이로 변했다. 그 지팡이는 모세 자신의 지팡이에서 하나님의 도구로 바뀌었다. 즉, 참된 변화를 의미하는 것이다. 그리고 하나님은 모세에게 "너의 손을 품에 넣어 보아라"고 하셨다. 모세가 품에 손을 넣었다가 꺼내어 보니 문둥병이 발해 있었다. 하나님은 그에게 다시 손을 품에 넣으라고 하셨고, 모세가 그대로 하자 그 손이 다시 깨끗해졌다.

사람의 품은 우리에게 가장 깊이 간직된 곳, 감춰진 곳을 의미한다. 남들이 보지 못하는, 우리의 가장 깊은 곳이며, 우리의 마음이 있는 곳이다. 하나님은 모세의 마음 가장 깊은 곳이 하나님이 보시기에 어떤

4. 네 번째 질문: "네 손에 있는 것이 무엇이냐?"

상태인지를 보여 주셨다. 그리고 모세는 문둥병이 든 것처럼 깊이 썩어 있는 자신의 마음을 보고 놀랐다.

우리가 하나님을 섬기려 할 때, 우리는 먼저 우리의 마음을 하나님의 빛으로 비추어 주시도록 구해야 한다. 예레미야 선지자는 "만물보다 거짓되고 심히 부패한 것은 마음이라 누가 능히 이를 알리요마는"(렘 17:9)이라고 말했다. 그럼에도 하나님은 부패한 만물이 그분 앞에 다시 회복될 날이 있을 것이라고 말씀하신다. 하나님은 만물을 새롭게 하실 것이다. 그러나 그보다 먼저, 인간의 부패한 마음이 회복되어야 한다. 하나님은 가장 근본이 되는 우리의 마음부터 회복시키기를 원하신다. 하지만 인간의 옛 성품은 저절로 변하지 않는다. 제아무리 노력하여 깨끗하게 닦는다고 해서 회복될 수 있는 것이 아니다. 인간의 마음은 너무나 부패했기에 고친다고 회복될 수 없다. 완전히 녹슬어서 구멍이 난 엔진처럼, 수선해서 다시 쓸 수 있는 것이 아니다. 우리는 하나님께로부터 새 영과 새 마음을 받아야 한다. 하나님은 에스겔 선지자를 통해 이렇게 약속하셨다.

> 또 새 영을 너희 속에 두고 새 마음을 너희에게 주되 너희 육신에서 굳은 마음을 제거하고 부드러운 마음을 줄 것이며 겔 36:26

다윗은 선지자 나단이 그의 죄를 책망하자 이렇게 고백했다.

> 하나님이여 내 속에 정한 마음을 창조하시고 내 안에 정직한 영을 새롭게 하소서 시 51:10

하나님을 섬기는 우리 마음의 진실한 동기는 무엇인가? 우리의 섬김은 하나님을 향한 순수한 사랑 때문인가, 아니면 나의 다른 숨은 동기 때문인가? 하나님이 우리를 통해 일하실 때, 나는 내가 가진 인간의 사랑으로 일하는가? 아니면 순전한 하나님의 사랑으로 일하는가? 우리 삶에 모세가 하나님을 만났던 것과 같은 만남이 없다면, 모세가 변화된 것과 같은 변화가 없다면, 우리가 과연 하나님의 일을 올바르게 하고 있는 것인지 생각해 보아야 할 것이다. 얼마나 많은 사람이 변화되지 않은 도구인 채로, 변화되지 않은 마음을 가지고, 지금도 하나님을 섬긴다고 일하고 있는가?

물론 모세가 젊었을 때 가졌던 하나님의 일을 위한 뜨거운 열정과 헌신은 하나님 앞에 아름다운 것이었다. 그러나 그것들로는 진짜 하나님의 일을 할 수 없었다. 우리의 음악적 재능, 우리의 행정 능력, 우리의 조직력, 우리의 말솜씨와 우리가 가진 에너지, 그리고 하나님을 향한 열정까지도, 오히려 하나님 나라를 무너뜨리게 할 수 있다는 것을 아는가? 내가 사용하는 도구와 아무도 알지 못하는 나의 마음 가장 깊은 곳이 하나님 앞에서 변화되기 전에는, 우리는 하나님을 그릇되게 섬기는 우를 범할 수 있다.

하나님 앞에서 모세처럼 기꺼이, 철저히 깨지고 낮아지겠는가? 하나님이 함께하지 않으시면 아무것도 할 수 없는 사람이 될 수 있는가? 하나님은 40년 동안의 광야 생활을 통해 모세의 자아를 깨뜨리셨다. 그리고 모세는 모든 일에서 하나님을 철저히 의지하는, 하나님의 막힘없는 통로가 되었다.

우리도 그렇게 모세와 같은 하나님의 복의 통로가 될 수 있을까? 오늘도 하나님은 모세를 준비하셨던 것처럼 우리를 준비하고 계신다. 하나님이 당신을 깨뜨리고 낮추실 때, 그분의 손길을 감사함으로 받는가? 나는 헤르만 헤세의 "기도"라는 시 중의 다음 구절에 깊이 공감한다.

하나님, 나를 절망하게 하십시오.
당신에게가 아니라 나 자신에게 절망케 하십시오.

나 자신의 어리석음으로
많은 아픔을 겪게 하십시오.
모든 고뇌와 불꽃을 맛보게 하시고
온갖 치욕을 맛보게 하십시오.

내가 자라날 때 돕지 마시고
내가 일어설 때 돕지 마십시오.

하지만, 나라는 것이 다 부서진 후에

그때는 나로 알게 하십시오.

이 불꽃과 괴로움을 보낸 분은
바로 당신이었다는 것을….[7]

인간의 최선으로는 하나님의 일을 이룰 수 없다는 것을 아는가? 선지자 이사야의 말처럼 하나님 앞에서 우리의 의는 다 더러운 옷 같지 않은가?(사 64:6 참고) 하나님의 생각과 하나님의 길은 우리의 생각과 우리의 길과는 다르다. 하늘이 땅보다 높음 같이 하나님의 길은 우리 길보다 높으며, 그분의 생각은 우리 생각보다 높다(사 55:8-9 참고). 인간의 가장 순수하고 깊은 사랑도 하나님의 사랑에 비하면 얼마나 누추한 것인가?

모세는 바로 이 계시를 경험했다. 그는 한때 하나님이 준비된 자신을 통해 이스라엘 백성을 구원하실 것이라고 확신했지만, 깨어지고 낮아지는 기간을 통해 자신이 누구보다 하나님의 일에 전적으로 부적합한 자임을 보게 되었다. 우리 또한 그 사실을 깨달아야 한다. 그때야 우리는 하나님의 일을 한다고 했던 것들을 하나님의 임재 앞에 내려놓고, 우리의 상태에 대하여 놀라며 슬퍼하게 될 것이다. 주님은 자기를 따르는 이들에게 이렇게 명령하셨다.

누구든지 나를 따라오려거든 자기를 부인하고 자기 십자가를 지고 나를 따를 것이니라 누구든지 제 목숨을 구원하고자 하면 잃을 것이요 누구든지 나를 위하여 제 목숨을 잃으면 찾으리라 마 16:24 - 25

'누구든지'라고 하셨다! 진리의 길에는 예외가 없다. 오늘날 얼마나 많은 교회에서 십자가의 길을 빼 버린 가르침을 행하고 있는가? 얼마나 많은 그리스도의 몸이 그분을 따를 수 있는 단 한 가지의 길을 잊어버렸는가? 하나님과 그분의 진리는 어제나 오늘이나, 그리고 언제까지나 동일하다. 십자가를 지는 길밖에는 우리 삶에 하나님의 부활 생명을 경험할 방법이 없다. 그 길 외에 하나님의 생명을 이 땅에 흐르게 할 수 있는 길이 있을까? 만약 그렇다면 우리 주님은 십자가를 지지 않아도 되셨을 것이다.

당신이 가진 것 중에서 하나님을 위해 쓸 수 있는 가장 귀중한 것은 무엇인가? 그것들을 하나님 앞에 내어 놓고, 그분의 빛이 우리를 비추기를 기다리자.

하나님은 모세를 부르셨던 것처럼 지금도 우리 각자의 이름을 부르며 초대하고 계신다. 우리도 이제 모세처럼 하나님의 임재하심 앞에 나아가자. 우리의 지팡이를 그분 앞에 던져 드리고, 우리의 마음 가장 깊은 곳에 감춰져 있는 방들을 그분의 진리의 빛 앞에, 거룩한 임재 앞에 열어 드리자. 놀라운 하나님의 임재를 체험했던 믿음의 선배들처럼, 우리도 하나님의 거룩하심을 체험하자.

이사야서 6장을 보면, 웃시야 왕이 죽던 해에 이사야는 높이 들린

보좌에 앉으신 주님을 뵈었다. 주님의 옷자락은 성전에 가득했고, 여섯 날개를 가진 스랍 천사들이 하나님의 거룩하심을 창화할 때, 문지방의 터가 떨리고 성전에는 연기가 가득했다. 그때 이사야는 "화로다 나여! 망하게 되었도다! 나는 입술이 부정한 사람이요, 나는 입술이 부정한 백성 중에 거주하면서 만군의 여호와이신 왕을 뵈었음이로다!"라고 부르짖었다. 그러자 스랍 중의 하나가 제단에서 숯불을 집어 그의 입에 가져다 대어 그를 정결케 해주었다. 그리고 하나님은 그를 예언자로 부르셨다.

얼마나 많은 사람이 말씀 사역에 부르심 받았다고 고백하는가? 그러나 우리 중에서 참으로 하나님께 그 마음과 입술이 새롭게 함을 받은 사람은 누구인가? 하나님께 나아가자. 그리고 그분께 구하자. "하나님, 제게 새 마음을 주십시오. 제게 그리스도의 마음을 주십시오."

하나님이 우리를 바꾸실 때에만, 우리는 하나님께 쓰임 받는 사람이 된다. 하나님은 이렇게 물으신다. *"네 손에 있는 것이 무엇이냐?"*

주님, 주님의 거룩하심을 우리에게 보여 주십시오.
우리가 주님을 섬기는 데 사용했다고 생각했던 도구들의
참된 정체를 보게 해주십시오.

그리고 주님을 섬기는 우리의 도구와 우리의 마음을
새롭게 해주십시오.
하나님께로부터 온 것 외에는,
하나님을 위해 사용할 수 있는 것이 없음을 알게 하십시오.

우리 삶과 사역에, 나는 없고 그리스도만 나타나게 해주십시오.
우리의 삶이 질그릇에 보화를 담은 삶이 되게 해주시고,
주님의 것만 나타나도록 복 주십시오.
우리의 지팡이를 받으시고 변화시켜 주셔서,
우리 손에 하나님의 지팡이를 들려 주십시오.
비뚤어지고 찢기고 아프고 더러워진 나 중심의 마음을 받으시고,
예수 그리스도의 마음으로 새롭게 해주십시오.

그리고 인간의 가장 높고 진한 사랑보다
하나님의 사랑이 얼마나 더 귀한지를
느끼고 알고 보게 해주십시오.

그래서 우리가 이 마음을 가지고 주님과 함께 일하며,
하나님이 우리의 삶에 주신 귀한 사람들을 사랑하게 해주십시오.

여호와의 말씀이 또 내게 임하니라
이르시되 예레미야야
네가 무엇을 보느냐
하시매 내가 대답하되
내가 살구나무 가지를 보나이다(렘 1:11).

5. 다섯 번째 질문
"네가 무엇을 보느냐?"
보 이 지 않 는 것 을 보 는 삶

예레미야는 어린 나이에 두 가지 환상을 통하여 하나님께 부르심 받았다. 하나님은 예레미야에게 첫 번째 환상을 보여 주신 후 물으셨다. "**네가 무엇을 보느냐?**" 예레미야가 대답했다. "살구나무 가지가 보입니다." 하나님은 살구나무 가지가 무엇을 뜻하는지 해석해 주셨다.

'살구나무'라는 단어는 히브리어로 '샤케드'라고 하는데, '자신이 한 말을 지킨다'는 뜻인 '쇼케드'라는 말과 발음이 아주 흡사하다. 즉, 하나님은 예레미야에게 그분이 한 말을 분명히 지킬 것임을 말씀하고 계신 것이다.

하나님은 곧이어 예레미야에게 두 번째 환상을 보이신 후에 다시 물으셨다. "네가 무엇을 보느냐?" 예레미야가 대답했다. "끓는 가마를 보는데 그것이 북쪽으로부터 기울여 있습니다." 하나님은 다시 그 계시를 해석해 주셨다. "재앙이 북방에서부터 일어나 이 땅에 거하는 모든 거민에게 임할 것이다."

예레미야는 앞으로 이스라엘 백성이 겪을 고난과 환난을 보고 있었다. 그리고 그는 그 환상이, 생수의 근원이신 하나님을 버리고 온갖 죄와 우상 숭배에 젖은 백성을 향한 하나님의 분명한 판결임을 알았다. 이 환상으로 말미암아 그는 평생 백성을 위해 애통하며 중보하는 눈물의 선지자가 되었다. 그의 애가는 백성을 위해 하나님 앞에 드리는 곡성이었다.

눈은 마음의 창이다. 우리가 무엇에 주목하는지는 우리의 마음이 어디로 향하고 있는지를 말해 주는 것이다. 마음의 눈으로 무엇을 보는지가 얼마나 중요한지 모른다. 그것은 결국 우리의 앞날을 결정할 것이기 때문이다.

우리는 우리가 주목하고 보는 바를 향해 나아가고, 그것으로 마음을 채운다. 인류의 조상 하와가 그랬고, 하나님만을 바라본 선지자 에녹이 그랬고, 자기 백성의 아픔을 본 모세가 그랬다. 또 물질에 유혹되었던 발람이 그랬고, 밧세바를 보고 범한 다윗이 그랬고, 풍족한 소돔 땅에 끌린 아브라함의 조카 롯이 그랬다.

하나님으로부터 오는 비전을 보는 사람은 하나님의 길을 걷고, 세상으로 오는 것을 보는 이들은 세상이 주는 길을 걷는다. 그리고 우리가 보기로 선택한 것이 우리의 앞날을 결정할 것이다. 사도 요한은 이렇게 권면한다.

> 이 세상이나 세상에 있는 것들을 사랑하지 말라 누구든지 세상을 사랑하면 아버지의 사랑이 그 안에 있지 아니하니 이는 세상에 있는 모든 것이 육신의 정욕과 안목의 정욕과 이생의 자랑이니 다 아버지께로부터 온 것이 아니요 세상으로부터 온 것이라 이 세상도, 그 정욕도 지나가되 오직 하나님의 뜻을 행하는 자는 영원히 거하느니라 요일 2:15-17

또한 눈은 우리의 마음이 세상을 보는 창일 뿐만 아니라, 세상이 우리의 생각과 마음으로 들어가는 문이기도 하다. 신체학적으로 눈은 하나의 독립된 감각기관이 아니라 뇌에서 뻗어 자라난 신경계에 속하는 기관이다. 즉, 어떤 의미에서 눈을 뇌의 한 부분이라고 해도 과언이 아니다. 그만큼 보는 것과 생각하는 것은 서로 떼려야 뗄 수 없는 밀접한 관계가 있다. 우리가 주목하여 보는 것은 우리가 생각하는 내용에 큰 영향을 미치며, 우리가 무엇을 생각하느냐에 따라 우리가 보는 것을 선택하게 된다.

우리가 보는 것이 항상 객관적인 것은 아니다. 여러 사람이 똑같은 것을 보고 있더라도 각자의 마음 상태에 따라 서로 다른 것을 보기도 한다. 현대 심리학에서는 여러 가지 임상 실험을 통해, 사람의 마음과 생각이 그 사람이 보는 것에 얼마나 큰 영향을 미칠 수 있는지를 입증

해 주었다. 눈은 우리의 생각으로 바로 통하는 관문이며, 우리의 생각은 우리 마음의 외적 표현이기도 하다.

**눈은 마음으로
들어가는 문**

욥기에는 이러한 기록이 나온다. 하나님이 사탄을 이용하여 욥을 다루려 하실 때, 하나님은 사탄에게 이렇게 물으셨다. "네가 내 종 욥을 주의하여 보았느냐 그와 같이 온전하고 정직하여 하나님을 경외하며 악에서 떠난 자는 세상에 없느니라"(욥 1:8). 하나님이 이렇게 말씀하시자 사탄의 시기하고 질투하는 마음이 욥에게 향했다. 사탄은 하나님께 "욥이 어찌 까닭 없이 하나님을 경외하리이까 주께서 그와 그의 집과 그의 모든 소유물을 울타리로 두르심 때문이 아니니이까?"(욥 1:9-10 참고)라고 대답했다. 그러고 나서 하나님이 욥에 대한 보호를 모두 거두고 그를 치시면, 그도 어찌하지 못하고 하나님을 향하여 욕할 것이라고 단언했다. 욥기는 하나님이 사탄의 이러한 계획을 부분적으로 허락하시는 것으로 시작된다.

에덴동산에서 하와로 하여금 선악과를 따 먹고 싶은 마음을 일으키려 했을 때에도, 뱀이 가장 먼저 한 일은 하와가 그 나무에 주목하게 한 것이었다. 뱀은 하와에게 "하나님이 참으로 너희에게 동산 모든 나무의 열매를 먹지 말라 하시더냐?"라고 물었다. 여기서 뱀은 선악을 알게 하는 나무의 열매를 직접 언급하지 않았다. 간접적으로 일러서 하와 스스로 그 나무에 대한 하나님의 지시를 떠올리게 했고, 하나님이 왜 그 나무의 열매를 먹지 말라고 하셨는지에 관해 의문을 품게 했다. 즉, 그 나무에 대해 생각하게 한 것이다. 그리고 나서 뱀은 하와에게 거짓 해답을 주었고, 이윽고 하와가 그 나무를 다시 바라보았을 때 성경은 이렇게 기록한다. "여자가 그 나무를 본즉 먹음직도 하고 보암직도 하고 지혜롭게 할 만큼 탐스럽기도 한 나무인지라"(창 3:6).

뱀이 접근하여 하와에게 속삭이기 전까지 아담과 하와는 하나님이 창조하신 에덴동산에서 하나님이 지으신 모든 창조물을 다스리며, 서로 사랑하며, 하나님과 친밀한 교제를 누리고 있었다. 하나님이 금지하신 그 열매를 하와가 주목하여 보기 전까지 그들은 아무런 부족을 느끼지 못했다. 그 동산에는 수많은 종류의 열매 맺는 나무가 있었다. 아담과 하와는 그 열매들을 무엇이든 원하는 대로 따 먹을 수 있었다. 어쩌다가, 정말 어쩌다가 그 금지하신 나무를 만나면, "아, 이 나무의 열매는 하나님이 먹지 말라고 하셨지" 하고 지나가면 그뿐이었다.

그러던 어느 날, 뱀은 하와가 하나님이 금하신 단 하나의 그 나무에 시선을 두게 했고, 그때 하와는 그 나무를 주목해서 보았다. 그리고 하와는 뱀의 유혹에 흔들리기 시작했다. 뱀의 말대로 나무의 열매는 커 보이고, 맛있어 보이고, 자신의 삶을 놀랍게 바꾸어 줄 것처럼 보였다. 그리고 결국 하와는 사랑하던 남편뿐 아니라 온 인류를 잘못된 길로 가게 했다. 이렇게 때로 우리가 무엇을 보면서 살아가는지는 우리의 운명

뿐만 아니라 우리가 사랑하는 사람들의 운명까지 결정한다.

세상은 우리가 보는 것을 통해 우리의 마음을 취하려 한다. 그러나 성경이 말하듯이 마음을 지키는 것이 큰 성을 지키는 것보다 더 중요하다. 하나님은 우리에게 이렇게 말씀하신다.

모든 지킬 만한 것 중에 더욱 네 마음을 지키라 생명의 근원이 이에서 남이니라 잠 4:23

우리가 우리의 눈을 지키지 못할 때, 사탄은 우리의 마음을 훔칠 기회를 잡는다. 사탄은 우리의 마음과 생각에 하나님이 아닌 다른 것들을 사랑하는 마음을 일으키려 한다. 하나님이 원하지 않으시는 것들을 크게 보이게 하고, 거기에 가치관을 부여하여 그것이 먹음직하고 보암직하고 지혜롭게 할 만큼 탐스럽게 보이게 한다. 그리하여 결국 우리를 향하신 하나님의 선하신 계획을 무너뜨리려 한다. 우리가 무엇에 주목한다는 뜻은 이미 그것에 마음을 주기 시작했다는 증거다.

다윗은 누구보다 하나님의 마음에 합한 사람이었다. 그는 목동이던 어린 시절부터 하나님을 깊이 알았고, 하나님과 친밀한 교제를 나누고 있었다. 그가 지은 수많은 시편은 얼마나 아름다운 기도이자 고백이며, 진실한 찬양이고, 놀라운 하나님과의 대화인가? 들에서 양을 치면서 연주했던 수금 소리처럼 다윗의 마음은 매우 순수하고 섬세했다. 다윗이 연주하는 곡은 사울의 정신 질환을 잠재우고 악신도 떠나가게 할 정도였다. 그만큼 다윗의 마음과 음악은 순전하여 하나님의 평강과 능력을 흘려보냈다. 하지만 군인으로서 오랜 시간 갖은 고생을 다하다 마침내 이스라엘의 왕이 된 후, 다윗은 어느새 스스로 자신을 중요한 사람으로 여기게 되었다. 다윗은 이제 자신은 전쟁에 나가지 않고 장군들만 싸움터로 내보냈다.

장군들이 전쟁터에서 목숨을 걸고 싸우고 있던 어느 날, 다윗은 왕궁의 옥상을 혼자 거닐다가 어떤 여인이 목욕하는 모습을 보게 되었다. 하지만 그냥 '아, 더워서 밖에서 목욕하고 있구나'라고 생각하고 지나치면 되었을 것을, 다윗은 그 여인에게 주목했다. 그리고 세상이 주는 것, 즉 육신의 정욕과 안목의 정욕에 마음을 빼앗기고 말았다. 그는 충직한 부하의 아내를 취했고, 그 죄를 감추려고 부하를 불리한 전쟁의 선봉에 서게 하여 죽게 했다. 그 일로 다윗은 그의 일생에 가장 부끄러운 죄를 범하고, 많은 사람을 시험 들게 하고, 온 나라를 어려움에 빠뜨렸다.

만약 이때 다윗이 동방의 의인이었던 욥처럼 자기의 아내가 아닌 다른 여인에게 주목하기를 거절했더라면 그의 삶은 얼마나 더 축복된 삶이 되었을까! 욥은 이렇게 고백한다. "내가 내 눈과 약속하였나니 어찌 처녀에게 주목하랴"(욥 31:1). 그리고 하나님은 욥에 대하여 이렇게 말씀하셨다.

> 그와 같이 순전하고 정직하여 하나님을 경외하며 악에서 떠난 자가 세상에 사람이 없다 욥 2:3

순전한 마음을 가지기 위해, 하나님을 경외하는 삶을 살기 위해, 우리는 우리가 보는 것과 우리가 주목하는 것을 하나님을 위해 구별할 수 있어야 한다.

우리는 무엇을 보는가? 우리는 무엇에 주목하고 있는가? 우리가 보는 것은 그 순간만 우리에게 영향을 미치는 것이 아니며, 우리에게만 영향을 미치는 것이 아니다. 그것은 우리의 마음과 생각을 점령해 가며, 우리의 관계와 행동을 바꾼다.

믿음은 눈에 보이지 않는
참된 모습을 보는 것

믿음은 눈에 보이는 것을 부인하는 것이 아니다. 믿음은 오히려 눈에 보이는 것들의 한계를 넘어선, 사물과 역사의 참된 모습을 보는 것이다. 우리의 눈을 통해 사물을 볼 수 있게 해주는 빛은, 이른바 물리학에서 말하는 전자파(electromagnetic waves)의 아주 작은 한 부분이다. 모든 전자파는 근본적으로는 다 같은 것이나, 그 파장이나 양자 에너지에 따라 다른 효과를 낼 수 있다.

인간은 그 전자파 중에서 4000-8000옹스트롬(옹스트롬은 길이의 단위로, 1옹스트롬은 1억분의 1cm에 해당하는 길이다)에 해당하는 파장만을 볼 수 있을 뿐이다. 이 영역을 가시 영역이라고 하는데, 사실 이 가시 영역이라는 말 자체가 인간 중심의 단어다. 가시 영역 이상의 영역, 즉 인간이 보지 못하는 영역을 보는 동물들도 있다. 새들은 다른 새들의 날개깃이나 반질반질한 열매의 표면에서 반사되는 자외선을 볼 수 있다. 뱀과 같은 동물들은 특수 감각 기관을 통해 적외선 영역을 볼 수 있어서, 칠흑 같은 어둠 속에서도 온혈동물을 알아볼 수 있다. 자외선보다 더 짧은 파장을 가진 엑스선이나 감마선의 영역은 가시 영역과는 비교할 수 없을 정도로 넓으나 우리의 눈으로는 전혀 볼 수 없다. 엑스선 사진은 볼 수 있지 않느냐고 할지 모르지만, 사실 의료용 엑스선 사진은 엑스선에 반응하는 물질을 사용하여 가시광선 영역에서도 보이도록 바꾸어 놓은 것, 즉 '번역'한 것에 불과하다. 그런 물질이 없었다면 우리는 엑스선의 존재조차 알지 못했을 것이다. 적외선보다 더 긴 파장을 가진 마이크로웨이브나 라디오 웨이브 역시 가시광선의 영역과는 비교할 수 없을 정도로 범위가 넓다. 혹 어떤 이들은 "마이크로웨이브로 작동하는 전자레인지를 작동시킬 때 빛을 볼 수 있지 않습니까?"라고 물을지 모르지만, 사실 전자레인지 안에서 비치는 빛은 마이크로웨이브 자체가 아니며, 전자레인지가 작동하고 있다는 것을 알려 주기 위해 눈에 보이는 가시광선을 들어오게 한 것일 뿐이다.

　우리가 사는 이 우주의 실체는 너무나도 광대하다. 모든 전자파의 영역을 이 세상에서 가장 높은 산의 높이에 비유한다면, 그중에서 우리가 볼 수 있는 영역은 머리카락 한 올의 두께만도 되지 못한다! 하지만 우리 인간은 감각의 90% 이상을 시각에 의존하여 살아간다. 육신의 눈으로 보는 것에만 의지하고 그것에만 근거하여 판단하면서 살아가는 인생은 얼마나 어리석은가? 물질세계 안에서 우리의 보는 능력에만도 이렇게 큰 제약이 있거든, 하물며 물질세계보다 더 큰 영적세계는 어떻게 볼 수 있단 말인가?

믿음의 눈은 우리 눈에 보이지 않는 더 크고 참된 실재를 보고 살 수 있게 해준다. 보이지 않는 것들, 아직 우리 눈앞에 이루어지지 않은 하나님의 약속들, 우리를 위해 예비된 수많은 일은 시간을 초월하시는 하나님, 우리 인생의 날이 하루도 되기 전에 모두 알고 계시는 하나님께는 이미 실재다. 믿음은 그 참된 실재를 보는 눈이다. 그러므로 바울은 우리 그리스도인들에게 보이는 것을 따라 살지 말고 믿음을 따라 살라고 말한다(고후 5:7 참고). 왜냐하면 믿음은 보이지 않는 훨씬 더 큰 실재인 영원한 것들을 볼 수 있게 해주기 때문이다.

모세의 삶에는 40년마다 큰 변화가 있었다. 그리고 그런 변화가 있을 때마다 모세는 하나님이 보여 주시는 비전을 보았다. 하나님이 보여주신 것들로 말미암아 그의 삶은 완전한 전환점을 맞게 되었다. 모세가 본 광경들은 그가 살아왔던 삶의 사고방식과 그가 갖고 있던 계획을 하나님의 생각과 계획으로 바꾸어 놓았다.

태어난 지 얼마 되지 않아 모세는 바로의 공주의 아들이 되었고, 당대 최고의 강대국이던 이집트의 왕궁에서 엘리트 중의 엘리트로 교육받으며 자랐다. 어느덧 모세가 장성하여 40세가 되었을 때, 하나님은 그의 눈을 열어 히브리 백성이 얼마나 큰 고통과 억울함 속에서 살고 있는지를 보게 하셨고, 이에 모세는 자기 백성을 구하기 원하시는 하나님의 뜻에 헌신하게 되었다. 이제는 바로의 공주의 아들로서 살기를 거절하고 하나님의 백성과 함께 고난을 받기로 각오하면서, 모세의 삶에는 전적인 변화가 일어났다. 그러나 비록 모세는 백성을 향한 하나님의 마음과 뜻은 이해했을지언정, 하나님의 길은 이해하지 못했다. 그는 하나님이 쓰실 수 있는 겸손한 도구가 되기까지 40년 동안 광야에 묻혀 남의 양을 치는 목동으로 지내야 했다.

세월이 흘러 모세는 어느덧 80세가 되었고, 자기 힘으로는 자기 백성을 위해 아무것도 할 수 없는 자가 되었다. 그런데 그때 하나님이 모세를 다시 부르신다. 모세는 광야의 호렙 산에서 놀라운 광경을 보았고, 이 경험을 통해 그는 자기 백성을 향한 하나님의 꺼지지 않는 사랑과 대면할 수 있었다. 그리고 그 후 하나님을 전적으로 의지하며 자기 백성을 파라오의 손에서 구원해 낼 수 있었다. 그리고 이스라엘 백성이 하나님을 불신하여 광야에서 40년 동안 방황할 때 그들의 인도자이자 중보자, 목자, 그리고 백성을 섬기는 지도자가 된다.

다시 40년이 지나 마침내 이스라엘 백성이 가나안으로 들어갈 준비가 되었을 때, 모세의 나이는 120세였다. 그때 하나님은 그에게 "너는 여리고 맞은편 모압 땅에 있는 아바림 산에 올라가 느보 산에 이르러 내가 이스라엘 자손에게 기업으로 주는 가나안 땅을 바라보라"(신 32:49)고 말씀하셨다. 거기서 그는 마지막으로, 자기 백성을 향한 하나님의 계획을 본다. 모세는 하나님의 영광을 드러내지 못한 한 번의 실수로 말미암아 약속의 땅에 들어가지 못하고, 여호수아에게 기름을 부어 백성을 이끌게 한 후, 하나님이 마지막으로 보여 주신 비전을 따라 백성을 축복하고 나서 파란만장한 생애를 마친다.

**너희 젊은이들은
환상을 보고**

하나님이 말씀하신다.

> 말세에 내가 내 영을 모든 육체에 부어 주리니 너희의 자녀들은 예언할 것이요 너희의 젊은이들은 환상을 보고 너희의 늙은이들은 꿈을 꾸리라 행 2:17

우리는 무엇을 보는가? 많은 하나님의 백성이 세상이 제시하는 것들을 바라보고 있을 때, 누가 하나님이 보여 주시는 비전을 보고, 세상을 향한 하나님의 애타는 마음을 알고, 그 하나님의 뜻에 기꺼이 우리의 삶을 내드릴까? 우리는 주님이 보여 주시는 비전을 보며 살고 있는가? 하나님은 부르심을 받았으나 앞으로 가야 할 길을 알지 못하던 아브라함에게 찾아오셔서, 하늘에 가득한 별들을 보여 주며 소망과 약속을 주셨다. 그렇게 순례자의 걸음을 다시 걸어갔던 아브라함처럼, 하나님의 비전을 보며 살고 있는가? 엘리야처럼, 몇 년의 긴 가뭄 후에 하늘에 일어난 손바닥만 한 구름 가운데서 '큰 비'라는 응답을 보는가? 선지자 에녹처럼 "수많은 거룩한 자들과 함께 임하시는"(유 14절) 주님의 모습을 보고 매일매일 그분과 동행하고 있는가?

**믿음을 따라 사는 삶과
안목의 정욕을 따라 사는 삶**

마지막 때를 살아가는 두 종류의 그리스도인이 있다. 바로 노아와 같은 그리스도인, 그리고 롯과 같은 그리스도인이다. 노아의 때에는 물의 심판이 있었고 롯의 때에는 불의 심판이 있었다. 또 이 두 사람은 다 '의인'이라고 불렸다. 즉, 노아와 롯은 우리 그리스도인들과 같이 하나님 앞에 의롭다 함을 받은 사람이었다. 하지만 베드로후서를 주의 깊게 읽어 보면, 이 두 사람이 서로 다른 삶을 살았던 것을 알 수 있다.

> 옛 세상을 용서하지 아니하시고 오직 의를 전파하는 노아와 그 일곱 식구를 보존하시고 경건하지 아니한 자들의 세상에 홍수를 내리셨으며 소돔과 고모라 성을 멸망하기로 정하여 재가 되게 하사 후세에 경건하지 아니할 자들에게 본을 삼으셨으며 무법한 자들의 음란한 행실로 말미암아 고통당하는 의로운 롯을 건지셨으니 이는 이 의인이 그들 중에 거하여 날마다 저 불법한 행실을 보고 들음으로 그 의로운 심령이 상함이라 벧후 2:5-8

이 구절은 노아에 관해 이렇게 기록한다. 하나님은 노아뿐만 아니라 '노아와 그 일곱 식구'를 보존하셨다. 노아와 노아의 아내와 세 아들, 세 자부를 모두 구원하셨다. 그런데 롯에 관해서는 어떻게 기록하는가? "의로운 롯을 건지셨으니"라는 말씀뿐이다. 롯의 아내, 롯의 두 딸, 롯의 두 사윗감에 관해서는 아무런 언급을 하지 않는다. 구약성경은 이미 그들이 어떻게 되었는지 말한다. 롯의 아내는 뒤를 돌아보지 말라는 천사들의 명령을 어기고 불타는 소돔 성을 돌아보다가 소금 기둥으로 변했고, 롯의 두 사윗감은 천사들이 소돔과 고모라 성을 멸하러 왔다는 소식을 농담으로 여겼다.

창세기에 의하면 하나님이 아브라함의 중보기도를 기억하셔서 천사들로 하여금 롯의 가족들의 손을 억지로 이끌어 산으로 도망하게 하여 그들이 간신히 살아남았다고 하는데, 위의 베드로후서 말씀에는 하나님이 롯의 딸들을 구원하셨다는 말이 없다. 왜 그랬을까? 사실 롯의 두 딸은 구원받은 것이 아니었다. 하나님은 그들을 후세의 표적으로 그냥 남겨두신 것이 아닐까? 에스겔서는 하나님이 예루살렘에 재앙을 내리실 때 행하실 일에 대해 이렇게 기록한다.

그러나 그 가운데에 피하는 자가 남아 있어 끌려 나오리니 곧 자녀들이라 그들이 너희에게로 나아오리니 너희가 그 행동과 소행을 보면 내가 예루살렘에 내린 재앙 곧 그 내린 모든 일에 대하여 너희가 위로를 받을 것이라 너희가 그 행동과 소행을 볼 때에 그들에 의해 위로를 받고 내가 예루살렘에서 행한 모든 일이 이유 없이 한 것이 아닌 줄을 알리라 주 여호와의 말씀이니라 겔 14:22-23

롯의 딸들의 행위는 어땠을까? 그들도 극도로 타락한 소돔과 고모라의 문화 속에 빠져들어 있지는 않았을까? 창세기에 의하면 그들의 아버지 롯은 믿음으로 살려고 노력했던 사람인 것 같다. 천사들이 왔을 때 그는 손님을 극진히 섬길 줄 알았고, 누룩 없는 떡으로 그들에게 대접했다. 그는 아마도 딸들에게 결혼 전에는 남자와 동침하지 말라고 가르쳤을 것이고, 딸들이 그렇게 살고 있으리라 믿었을 것이다. 소돔 사람들이 롯에게 찾아와 하나님의 사자들과 성관계를 가지겠다며 그들을 내놓으라고 할 때, 롯은 이렇게 말했다. "이들은 내 손님들이니 그러지 마시오. 내게 남자를 가까이하지 않은 두 딸이 있으니, 당신들이 원하는 대로 그들에게 하고 이분들께는 아무 짓도 하지 마시오."

여기에서 롯의 삶의 한 단면을 볼 수 있다. 그는 무법한 소돔과 고모라에서 자신의 신앙을 지키지 못하고 타협하며 살고 있었다. 한 가지 중요한 것을 지키기 위해 다른 중요한 것을 내주는 삶이었다. 나는 롯이 자기 딸들에 대해서도 잘못 알고 있었다고 생각한다. 롯의 딸들의 마음에는 아버지의 마음에 있던 하나님의 법도가 없었던 듯하다. 그들은 대를 잇기 위해 아버지를 술 취하게 해서 아버지와 동침했다. 그들의 마음 어디에도 하나님의 도는 없었다. 내가 볼 때 롯이 자신의 딸들은 남자를 아직 모른다고 믿었던 것은 전혀 잘못 생각한 것이었다. 오늘날의 부모들도 그렇지 않은가. 자신의 자녀가 세상에서 어떻게 사는지, 부모가 없는 곳에서 무엇을 하면서 지내는지 전혀 모르고, 그저 막연히 '그래도 하나님의 말씀대로 살겠지' 하고 믿는 그리스도인 부모가 얼마나 많은가? 성경은 당시의 상황을 이렇게 설명한다. "그 아버지는 그 딸이 눕고 일어나는 것을 깨닫지 못하였더라"(창 19:33).

롯의 딸들이 행한 일은 소돔과 고모라가 윤리적으로 얼마나 부패해 있었는지, 그리고 그것이 하나님을 믿는 가정에까지 얼마나 깊이 영향을 주고 있었는지 단적으로 보여 준다. 롯의 마음은 이미 둔해져 있었다. 이 사실에 대한 증거가 또 하나 있다. 하나님의 천사들이 "하나님이 이 성을 멸하기로 하셨으니 너에게 속한 사람들을 다 데리고 이 성을 떠나라"고 말하자 롯은 사윗감들을 찾아갔다. 하지만 롯이 상황을 설명하면서 그 성을 빠져나가자고 권할 때 사윗감들은 그 말을 농담으로 여겼다. 롯이 항상 진실만을 말했고 사윗감들이 그를 신뢰했더라면 그들이 롯의 말을 조금 더 경청하지 않았을까? 왜 이른바 '의로운' 사람이었던 롯은 주위 사람들에게 전혀 의로운 영향을 주지 못했을까?

롯의 가장 가까이에서 살았던 롯의 아내를 생각해 보자. 왜 그녀는 돌아보지 말라는 천사의 말을 지키지 못하여 죽게 되었을까? 누가복음은 그 이유에 대한 힌트를 제공해 준다.

노아의 때에 된 것과 같이 인자의 때에도 그러하리라 노아가 방주에 들어가던 날까지 사람들이 먹고 마시고 장가들고 시집가더니 홍수가 나서 그들을 다 멸망시켰으며 또 롯의 때와 같으리니 사람들이 먹고 마시고 사고팔고 심고 집을 짓더니 롯이 소돔에서 나가던 날에 하늘로부터 불과 유황이 비 오듯 하여 그들을 멸망시켰느니라 인자가 나타나는 날에도 이러하리라 그날에 만일 사람이 지붕 위에 있고 그의 세간이 그 집 안에 있으면 그것을 가지러 내려가지 말 것이요 밭에 있는 자도 그와 같이 뒤로 돌이키지 말 것이니라 롯의 처를 기억하라 무릇 자기 목숨을 보전하고자 하는 자는 잃을 것이요 잃는 자는 살리라 눅 17:26-33

롯의 아내에 관련하여 성경은 두 가지를 경고한다. 첫째는 심판의 날에 무엇을 챙기려고 뒤로 돌이키지 말라는 것이요, 둘째는 목숨을 보전하려고 애쓰지 말라는 것이다. 하나님은 아브라함의 중보기도를 기억하셔서 천사들로 하여금 롯의 가족들의 손을 잡아 이끌어 내게 하셨다. 그러나 그들은 소돔을 떠날 준비가 되어 있지 않았다. 아마도 롯의 아내는 천사들의 손에 이끌려 급하게 소돔 성을 빠져나오면서도 집에 두고 나온 패물이나 중요한 물건들을 생각했을지 모른다.

롯은 아마도 소돔 성의 장로 중 하나로 보인다. 천사들이 도착했을 때 롯이 성문에 앉아 있었는데, 당시에는 성의 장로들이 성문에 앉아 성의 일들을 의논하는 관습이 있었다(잠 31:23 참고). 롯은 부자였고 삼촌 아브라함의 도움으로 소돔 성이 구원을 받은 적도 있었기에, 롯은 소돔 성에서 유력한 사람 중 하나였을 것이다. 외면적으로 롯의 가정은 세상에서 존경받는 훌륭한 하나님의 가정이었다. 그러나 그들의 생각과 삶의 방식은 세상을 따르고 있었다. 롯은 세상과 타협하는 신앙생활을 하고 있었고, 롯의 아내는 자신이 소유한 물질에 집착하고 있었다. 아, 이러한 소돔 성의 모습이 우리 안에도 얼마나 많은가? 오늘날의 물질지상주의가 우리의 가정을 얼마나 묶고 있는가? 믿음의 길을 내딛으려는 우리를 얼마나 방해하고 있는가? 우리가 알지 못하는 사이에 우리의 가정에 얼마나 큰 균열이 생기고 영적으로 무너져 내리고 있는가?

문제는 무엇이었을까? 성경은 롯의 삶에 무엇이 잘못되었는지 분명히 말한다. 앞서 보았던 베드로후서 말씀을 다시 살펴보자.

> 옛 세상을 용서하지 아니하시고 오직 **의를 전파하는** 노아와 그 일곱 식구를 보존하시고…소돔과 고모라 성을 멸망하기로 정하여…무법한 자들의 음란한 행실로 말미암아 **고통 당하는** 의로운 롯을 건지셨으니 이는 이 의인이 그들 중에 거하여 **날마다 저 불법한 행실을 보고 들음으로 그 의로운 심령이 상함이라** 벧후 2:5-8

여기서 우리는 마지막 때를 살았던 두 사람의 삶의 현격한 차이를 볼 수 있다. 한 사람은 하나님의 비전을 보고 세상에 영향을 주는 삶을 살았고, 또 한 사람은 오히려 세상으로부터 영향을 받는 삶을 살고 있었다. 노아는 이 부패한 세상을 심판하고 의로운 자를 구원하고자 하는 하나님의 계획을 보았다. 그는 방주에 관한 자세한 비전을 보았으며, 지 시대로 방주를 예비하며 사람들에게 하나님의 의를 전파하며 살았다.

그러나 롯은 어땠는가? 그는 세상 가운데 살면서 그들의 행위를 보고 들음으로 의로운 심령을 상하게 하고 있었다. 보고 들음으로! 이 세상 가치관을 받아들이고, 세상에 속한 모든 일을 보고 들음으로 그는 의로운 심령을 상하게 하고 있었다. 우리는 혹 롯처럼 세상의 가치관을 따라 눈에 보이는 것을 선택하며 살고 있지 않은가? 좋은 직장, 명예, 세상에서의 안정을 추구하는 것이 우선인 삶을 살지는 않은가? 우리는 무엇을 보는가? 하나님의 것들을 보는가, 아니면 세상이 보여 주는 것들을 보는가? 우리가 보는 그것이 바로 우리와 우리가 사랑하는 사람들의 삶과 운명을 결정짓는다. 우리는 혹 롯과 같은 삶을 살고 있지는 않은가?

나의 삶이, 또 나의 가정이 왜 이렇게 되어 가는지 의문이 생긴다면, 하나님의 이 질문을 기억하자. **"네가 무엇을 보느냐?"** 형제들이여, 우리의 시선은 그리스도께 머물러 있는가? 하나님의 뜻에 맞춰져 있는가? 우리의 눈은 하나님의 계획을 보고 있는가? 우리는 노아처럼 의를 전파하며 살고 있는가?

나는 가정을 가진 가장으로서 노아의 삶이 부럽다. 그는 대체 어떠한 삶을 살았기에 아내뿐 아니라 아들들, 심지어 자부들까지도 그렇게 하나님께 순종하는 삶을 살았을까? 노아의 세 아들은 다 결혼하여 각자의 가정이 있었다. 그런데도 어떻게 아버지의 말만 듣고 자기 삶의 가장 귀한 몇십 년을 방주를 짓는 데 바칠 수 있었을까? 그들이 살았던 시대를 생각해 보면 더욱더 놀랍다. 노아의 식구들이 살았던 그 시대는 어떠한 시대였는가? 성경의 기록을 자세히 검토해 보면 그 시대의 영적 상황을 어느 정도 미루어 짐작할 수 있다.

**노아의 때와
롯의 때**

첫째, 노아가 살았던 때는 죄악이 온 세상에 가득 차고, 사람들이 회개할 가능성이 보이지 않던 시대였다.

> 여호와께서 사람의 죄악이 세상에 가득함과 그의 마음으로 생각하는 모든 계획이 항상 악할 뿐임을 보시고 땅 위에 사람 지으셨음을 한탄하사 마음에 근심하시고 창 6:5-6

하나님은 노하기를 더디 하고 용서하기를 기뻐하시는 분이다. 우리가 잘못되었을 때에 돌이키기를 원하시는 분이며, 계속해서 새로운 기회를 주고 또 주시는 분이다. 진노하실 때라도 긍휼을 잃지 않는 분이며, 우리가 그분의 진노 가운데 영원히 멸망하기를 원치 않으시는 분이다. 만약 노아가 살았던 그 시대가 죄악이 관영했던 니느웨처럼 회개할 가능성이 조금이라도 있었다면 하나님은 세상을 홍수로 심판하지 않으셨을 것이다. 하지만 노아가 살던 시대는 죄악이 세상에 가득 차고, 사람들의 마음은 돌이킬 가능성 없이 악했다. 인생들의 죄악은 그야말로 극에 달했다. 그래서 마침내 하나님은 단 하나 남은 의인 노아를 통하여 세상을 다시 새롭게 하는 것 외에는 다른 가능성이 없다고 판단하신 것 같다.

둘째, 노아의 때는 풍족하고 음악과 문화가 발달했으며, 도덕적으로 문란했던 시대였다. 창세기 4장에는 하나님 앞을 떠나 유리하며 도시를 세우고 번성했던 가인의 후예의 계보가 나온다. 그 계보의 마지막쯤, 즉 노아와 그 아들들이 살았던 때 즈음 라멕이라는 사람과 그 가족의 이름이 나온다. 라멕은 성경에 제일 처음으로 두 아내를 취한 인물로 기록된 사람이다. 그 아내들의 이름은 아다와 씰라였는데, 그 이름의 뜻이 흥미롭다. 아다는 '외면적 아름다움'을 의미하며, 씰라는 '그늘, 혹은 안전함'을 의미한다. 그는 아다를 통하여 야발과 유발을 낳았는데, 야발은 처음으로 돌아다니며 유목하는 일을 시작했고 유발은 수금과 퉁소를 잡는 모든 사람의 조상이 되었다고 기록되어 있다. 요즘 말로 하면 엔터테인먼트가 왕성한 때였던 것 같다. 라멕은 다른 아내 씰라를 통해서는 두발가인('소유하다'라는 뜻)과 나아마('편안하다'는 뜻)를 낳았는데, 두발가인은 구리와 쇠로 여러 가지 기구를 만드는 자였다. 라멕은 살인자였으나, 오히려 자기 자신의 상처만을 생각하고 자신이 특별하다고 여겼던 사람이었다. 그리고 이때에 홍수가 사람들에게 임했다. 이런 기록으로 미루어 보건대, 노아가 방주를 예비하고 있었던 때는 성도덕이 문란하고, 음악과 쾌락적인 문화가 성시를 이루고, 물질이 풍성하고 상거래가 왕성하며, 무기 기술이 발달하고, 사람들이 자기중심적이던 시대였으리라 짐작된다.

셋째, 노아의 때는 사람들이 특별히 세상이 어지럽다거나 말세라고 여기던 때가 아니었다. 성경을 보면 "노아의 때에 된 것과 같이 인자의 때에도 그러하리라 노아가 방주에 들어가던 날까지 사람들이 먹고 마시고 장가들고 시집가더니"(눅 17:26-27)라고 기록되어 있다. 노아와 그 가족이 방주를 예비하던 때는 외면적으로 '정상적인' 때였다. 먹고 마시고 장가들고 시집가는 것이 지극히 정상적인 시기였다. 사람들은 삶을 즐겼고, 젊은이들은 앞날을 계획하고 가정을 꾸렸다. 이러한 때 대홍수의 심판이 올 것이라고 생각하는 사람은 아무도 없었다. 그때도 세상 사람들의 길은 형통했고, 하나님의 뜻을 따르는 길은 외롭고 힘들었다. 노아의 아버지가 노아를 낳았을 때 '수고로이 일하는 우리를 이 아들이 안위하리라'는 의미에서 '위로' 혹은 '안위한다'는 뜻인 노아라는 이름을 지은 것만 봐도 알 수 있다.

우리가 하나님의 계획을 보지 못한다면, 주님이 다시 오실 그날이 가까이 오는 것을 전혀 알아차리지 못할 것이다. 주님은 우리에게 그날은 도적과 같이 올 것이므로 깨어 있으라고 말씀하신다.

> 그러므로 깨어 있으라 어느 날에 너희 주가 임할는지 너희가 알지 못함이니라 너희도 아는 바니 만일 집주인이 도둑이 어느 시각에 올 줄을 알았더라면 깨어 있어 그 집을 뚫지 못하게 하였으리라 이러므로 너희도 준비하고 있으라 생각하지 않은 때에 인자가 오리라 마 24:42-44

나는 이때의 일을 묵상할 때, 가끔 노아의 삶보다 그의 세 아들과 며느리들의 삶이 더 경이롭게 느껴진다. 거대한 항공모함 크기의 방주를 짓는 일은 몇 사람만으로는 너무도 힘에 부치는 대역사다. 성경에 기록된 날짜들을 계산해 보면, 방주를 짓는 일은 최소한 수십 년이 걸렸음을 알 수 있다. 방주에 쓰는 나무는 아무렇게나 자를 수도, 아무렇게나 처리할 수도 없었을 것이다. 300규빗(약 150m)이나 되는 큰 구조물을 단 몇 명이서 어떻게 만들 수 있었을까? 수많은 거대한 나무를 수없이 자르고 운반하고 잘 말려야 했으며, 물속에서도 잘 견디도록 여러 차례 처리해야 했다. 또한 서로 빈틈없이 잘 이어지도록 정확하고 정교하게 깎고 다듬어야 했다. 그러기 위해 얼마나 많은 준비 작업이 필요했을까? 방주를 지을 터를 닦는 정지 작업을 하고, 거대한 지지대와 보조 구조물을 만들고, 무겁고 큰 나무들을 조립하여 그들이 받은 말씀대로 창문과 문을 만들고, 물이 샐 수 있는 틈새를 막고, 안팎을 역청으로 칠해야 했다. 그들은 자기들이 짓는 방주가 온 세상을 덮을 홍수를 피할 수 있는 유일한 길임을 알았기에 '이 방주가 그날에 창일할 홍수를 견딜 수 있을까?'라고 생각했을 것이고, 계속 기도하면서 일했을 것이다.

우리는 우리에게 부탁하신 삶의 방주를 그리스도의 터 위에 짓고 있는가? 마지막 때 닥쳐올 어려움은 우리의 공적을 시험할 것이다.

만일 누구든지 금이나 은이나 보석이나 나무나 풀이나 짚으로 이 터 위에 세우면 각 사람의 공적이 나타날 터인데 그날이 공적을 밝히리니 이

는 불로 나타내고 그 불이 각 사람의 공적이 어떠한 것을 시험할 것임이라 고전 3:12-13

나는 그들이 방주를 짓는 동안 살아 계신 하나님을 여러 번 체험했으리라고 믿는다. 어려움을 만날 때마다 창조자이신 하나님이 창조적인 지혜를 주셨을 것이고, 필요한 것이 생길 때마다 공급자이신 하나님이 필요한 것을 모두 채워 주셨을 것이고, 힘이 들고 회의와 낙망이 찾아올 때마다 위로자 되시는 하나님이 그들을 위로하고 격려해 주셨을 것이다. 주님과 동행하는 삶이란 얼마나 보람되고 흥분된 삶인가.

성경에 기록된 것처럼 노아는 농사를 지으며 일하는 집에서 태어났으며, 큰 재산도 없었던 것 같다. 노아의 가족 8명 외에 이 역사를 도와준 사람이 있었다는 기록은 어디에도 없다. 따라서 그들이 방주를 지으면서도 생계유지를 위해 농사일을 병행했으리라 추측해 볼 수 있다. 또 성경의 기록을 보면 그때 노아의 아버지 라멕과 그 할아버지 므두셀라는 아직 살아 있었고, 그들은 홍수가 나기 조금 전에 죽었다. 라멕이 "수고롭게 일하는 우리를 이 아들이 안위하리라"(창 5:29)고 말한 것처럼, 그들은 노아에게 보살핌을 받았을 것이다. 큰 방주를 짓는 일에는 많은 도구가 필요하다. 여호와 이레의 하나님이 많은 것을 준비하고 채워 주셨을 테지만, 노아의 가족들 또한 이것들을 구하기 위해 더욱 부지런히 일해야 했을 것이다. 아마도 남자들은 모두 방주 짓는 일에 전념하고, 여자들이 농사와 다른 집안일들을 도맡았을 것이다.

자기 중심주의가 편만한 세상 가운데, 향락주의와 물질지상주의가 만연한 세상 가운데, 그리고 홍수에 대한 그 어떤 징조도 보이지 않는 때에, 노아의 아들들과 며느리들은 어떻게 그 오랜 세월을 순종하며 방주를 준비할 수 있었을까? 노아 자신은 직접 하나님께 홍수와 방주에 대한 계획을 받았기에 가능했다고 치자. 노아의 아내도 노아와 결혼했기에 어쩔 수 없이 남편이 가는 길을 함께 갔다고 하자. 그러나 그의 아들들과 며느리들은 어떻게 그럴 수가 있었을까? 세상 사람들은 아무도 노아의 말을 귀담아듣지 않았다. 오히려 노아의 말을 비웃고 조롱했을 것이다. 그런데도 노아의 아들들과 며느리들은 홍수를 대비하여 깊은 산 속에 방주를 지어야 한다고 주장하는 '정신 나간' 노인과 함께 하나님의 말씀에 순종하며 자신의 젊음을 바쳤다. 세상 말로 하면 그 며느리들은 '시집을 잘못 간 것'이다. 그들은 시어머니를 도와서 어른들을 모시고, 농사를 짓고, 손이 모자랄 때면 방주를 짓는 힘든 일까지 함께 거들어야 했을 것이다. 여기에는 다만 한 가지 설명만이 가능하다. 그들은 노아의 삶을 통해, 하나님이 살아 계심을 직접 체험했던 것이다.

하나님이 시키신 일이라고 언제나 잘 되기만 했을까? 공들여 지은 것이 한순간 우르르 무너져 버린 날들이 왜 없었겠는가? 그들이라고 왜 의심 한번 해보지 않았겠으며, '과연 우리가 해낼 수 있을까?' 하는 회의가 없었겠으며, 그만두고 싶었던 절망적인 때가 찾아오지 않았겠는가. 얼마나 많은 인내가 필요했으며, 얼마나 오랫동안 믿음의 싸움을 싸웠겠는가. 그러나 그들은 하나님과 동행하면서, 또 하나님을 경외하면서 마침내 방주를 지었다. 그 세대의 사람들과는 전혀 다른 경건한 삶을 살았다. 그들에게는 정말 구원받을 만한 믿음이 있었다.

**롯의 때와
우리의 때**

어둠의 가장 큰 특징은 깨닫지 못하게 하는 것이다. 롯은 하나님의 빛 가운데 살지 못하고 어둠의 그늘 가운데 살고 있었다. 그가 살던 세대는 경건치 않았다. 경건함, 즉 '하나님을 인정하는 삶'이 없는 것이 바로 어둠이다. 베드로후서 2장 7절에 나오는 '무법'과 '음란'이라는 두 단어가 그 시대의 모습을 나타내 준다. "**무법**한 자들의 **음란**한 행실로 말미암아 고통당하는 의로운 롯을 건지셨으니."

하나님을 거부한 세대는 그 삶에 참된 목적과 기준이 없다. 자신이 원하고 이해하고 생각하고 결정하는 것들을 삶의 척도로 삼는다. 그리고 하나님의 영원한 창조 목적이 아닌, 시대와 상황에 따라 변하는 우리의 가치와 기준을 따라 산다.

롯이 살던 소돔에서는 음란한 삶이 공적으로 용인되었고, 하나님이 사람들의 마음에 두신 양심의 법은 꺼져 가고 있었다. 앞에서 이야기했듯이 소돔 성의 마지막 의인이었던 롯의 가정까지도 내부에서부터 무너지고 있었다. 물질에 마음을 두었던 롯의 아내, 세상의 가치관을 따라 살던 롯의 딸들뿐만 아니라, 하나님이 의인이라고 부르신 롯 자신까지도 마음이 매우 둔해져 있었다. 하나님의 두 천사가 소돔을 멸하기 위해 소돔 성에 도착했을 때, 롯은 그들을 알아보기는 했으나 그들이 왜 그곳에 왔는지 눈치조차 채지 못했다. 그저 천사들에게 "종의 집으로 들어와 발을 씻고 주무시고 일찍이 일어나 갈 길을 가소서"라고만 말했을 뿐이다. 롯은 소돔 성과 자기 가정의 영적 상황이 하나님이 보시기에 얼마나 심각한 지경인지 깨닫지 못했다. 심판의 날은 롯의 가정에도 덫과 같이 갑자기 임했다. 성경은 우리에게 경고한다.

> 너희는 스스로 조심하라 그렇지 않으면 방탕함과 술 취함과 생활의 염려로 마음이 둔하여지고 뜻밖에 그날이 덫과 같이 너희에게 임하리라
> 눅 21:34

방탕함이란 하나님의 뜻이 아닌 우리 자신이 원하는 바에 우리의 삶을 내주는 것이다. 오늘날 술 취하거나 방탕하지는 않더라도, 생활의 염려로 마음이 둔해진 그리스도인이 얼마나 많은가? 하나님이 없는 삶을 사는 소돔 사람들의 불법한 행위를 보고 들으면서 하나님이 주신 자신의 의로운 마음을 보호하지 못하고 있었던 롯처럼, 우리도 이 세상의 사조와 음란과 불법한 행위를 보고 들음으로 하나님이 우리 안에 두신 성령을 근심하게 하고 있지는 않은가? 아마 천사가 왔던 그 저녁도 롯은 성문에 앉아, 곧 시집을 가서 독립된 가정을 이루게 될 두 딸의 앞날을 염려하고 있었을지도 모른다.

우리는 무엇을 보고, 무엇을 듣고, 무엇을 생각하며 사는가? 하나님이 보여 주신 삶을 믿음으로 말미암아 살아간다면 염려할 것이 어디 있겠는가? 우리는 하나님의 뜻 가운데 있으며 하나님을 신뢰하는가? 하나님 나라와 그분의 의를 먼저 구하는 자에게 그날그날 필요한 모든 것을 신실하게 공급하시는 하나님의 보호와 손길을 신뢰하는가? 우리는 그날이 우리에게 덫과 같이 임하지 않도록 하나님의 빛 가운데 살고 있는가? 우리는 무엇을 보며 사는가?

혹 롯의 모습은 지금 우리의 모습이 아닌가? 하나님의 법을 따르고자 하는 마음은 있으나 실제 삶에서 계속해서 타협하는 신앙생활, 또 진실하지 못한 언행들을 통해 우리는 세상에 하나님의 의를 전파하는 것이 아니라, 오히려 세상으로부터 영향을 받으며 살고 있지는 않은가?

성경은 똑같이 마지막 때를 살았으나 매우 다른 삶을 살았던 노아와 롯의 삶을 분명하게 대조해 준다. 노아는 홍수가 있기 오래전에 하나님으로부터 심판의 계획을 들었고, 수십 년 동안 그 대홍수의 날을 준비했다. 하지만 또 다른 의인인 롯은 소돔 성이 하늘에서 내리는 불로 멸망하던 그 밤까지 하나님이 무엇을 하려 하시는지 전혀 알지 못했다. 노아는 그 온 식구가 구원을 얻었을 뿐 아니라 하나님이 불러오신 모든 동물까지도 함께 구원할 수 있었다. 반면에 롯은 준비되지 않은 상태에서 자기만 겨우 구원을 받았다. 그나마도 롯을 위해 중보한 아브라함이 아니었다면 어찌 되었을지 알 수 없다. 성경은 "롯이 거주하는 성을 엎으실 때에 하나님이 아브라함을 생각하사 롯을 그 엎으시는 중에서 내

보내셨더라"(창 19:29)고 기록한다. 똑같이 '의인'이라 불린 이 두 사람의 삶 가운데 무엇이 이런 큰 차이가 나게 했을까?

**믿음의 선택과
안목의 선택**

롯과 그의 삼촌인 아브람은 갈대아 우르 지방의 사람이었다. 성경의 기록에 의하면 롯의 아버지이자 아브람의 형제였던 하란은 일찍 죽었고, 아브람의 아내 사래는 자식이 없었다. 아마도 이런 이유로 아브람은 롯과 가까이 지냈던 것 같다. 아브람의 아버지 데라는 온 식구를 데리고 갈대아 우르를 떠나 가나안으로 향해 가다가 하란이라는 곳에 머물렀고, 거기서 죽었다. 그런데 아브람이 75세가 되었을 때, 하나님이 그에게 고향을 떠나 지시하실 곳으로 가라고 명하셨다. 아브람이 하란을 떠났을 때 롯도 그 삼촌 아브람을 따라 믿음의 걸음을 걷게 되었다. 롯은 아브람과 함께 오랫동안 유목민 생활을 하며, 가나안에서 겪은 기근의 고생도, 애굽에서의 어려웠던 삶도, 그 이후에 임한 하나님의 복도 함께 경험했다. 그들이 애굽에서 나와서 다시 가나안 땅에 이르렀을 때는 하나님이 그들의 소유를 번성하게 하셔서 그들의 양과 소와 장막이 많아졌다. 그러나 그 때문에 아브람의 목자들과 롯의 목자들이 다투는 일들이 점점 더 잦아졌고, 아브람은 친족끼리 서로 다투어서는 안 된다고 생각하여 롯에게 이제는 서로 멀리 떨어져 지내며 목자들끼리 다투지 않게 하자고 제안했다. 그때 아브람은 롯이 먼저 선택하게 한다. "네 앞에 있는 온 땅을 보아라. 이제 나를 떠나라. 네가 오른쪽으로 가면 나는 왼쪽으로 가고, 네가 왼쪽으로 가면 나는 오른쪽으로 가겠다." 그때 성경은 이렇게 기록한다.

> 롯이 눈을 들어 요단 지역을 바라본즉 소알까지 온 땅에 물이 넉넉하니 여호와께서 소돔과 고모라를 멸하시기 전이었으므로 여호와의 동산 같고 애굽 땅과 같았더라 그러므로 롯이 요단 온 지역을 택하고 동으로 옮기니 그들이 서로 떠난지라…롯은 그 지역의 도시들에 머무르며 그 장막을 옮겨 소돔까지 이르렀더라 창 13:10-13

그리고 다음에 하나님이 아브람에게 이렇게 말씀하셨다.

> 롯이 아브람을 떠난 후 여호와께서 아브람에게 이르시되 너는 **눈을 들어** 너 있는 곳에서 북쪽과 남쪽 그리고 동쪽과 서쪽을 **바라보라** 보이는 땅을 내가 너와 네 자손에게 주리니 영원히 이르리라 창 13:14-15

아브람과 롯, 둘 다 그들의 미래를 보았다. 한 사람은 자신의 눈에 보이는 것을 좇았고, 또 한 사람은 하나님이 보여 주시는 약속을 좇았다. 롯은 안목의 선택을 했고, 아브람은 사랑과 믿음의 선택을 했다. 롯은 삼촌 아브람의 믿음과 비전을 따라 살았지만, 삼촌을 더는 의지할 수 없게 되었을 때부터는 눈에 보이는 것을 의지하기 시작했다. 그는 보이는 것을 따라 소돔성 가까이 점점 옮겨 가더니, 결국은 소돔에 정착하게 되었다. 그리고 성 사람들의 불법한 행실을 <u>보고 들음으로</u> 롯의 의로운 심령은 점차 상해만 갔다.

우리는 무엇을 보며 살고 있는가? 우리는 세상이 제시하는 것들을 보고 사는가? 아니면 예레미야처럼, 노아처럼, 에녹처럼, 아브라함처럼 하나님이 우리에게 보여 주시는 것을 보고 사는가? 하나님은 우리에게 물으신다. **"네가 무엇을 보느냐?"**

주님은 마지막 때에 관해 말씀하며 이렇게 물으셨다. "그러나 인자가 올 때에 세상에서 믿음을 보겠느냐?"(눅 18:8) 믿음은 보이지 않는 것을 보는 것이다. 아직 나타나지 않은 하나님의 약속과 비전을 붙잡는 것이다. 우리는 무엇을 보는가? 우리를 위한, 그리고 우리 후에 올 세대들을 위한 하나님의 계획과 뜻과 비전을 보고 있는가?

**가까이
다가오는 그날**

전도자는 이렇게 말한다. "이미 있던 것이 훗날에 다시 있을 것이며, 이미 일어났던 일이 훗날에 다시 일어날 것이다"(전 1:9, 새번역). 주님은 우리에게 이렇게 경고하셨다. "노아의 때에 된 것과 같이 인자의 때에도 그러하리라…또 롯의 때와 같으니…인자가 나타나는 날에도 그러하리라"(눅 17:26-30).

노아의 때나 롯의 때는 곧 세상의 종말이 올 것 같은 때가 아니었다. 우리는 마지막 때를 생각할 때 무정부 상태가 되고, 길거리에 살인과 폭동이 난립하고, 사람들이 굶어 죽는 것 등의 장면들을 연상한다. 하지만 주님이 오시는 날은 아마도 그와는 정반대의 날이 될 것이다. 성경은 노아와 롯의 때에 사람들이 장가가고 시집가고 물건을 사고팔고 농사짓고 집을 지었다고 기록한다. 지극히 정상적인 날들이 이어졌다. 그러나 하나님의 비전을 보고 깨어 있지 않은 모든 사람에게 그날은 전혀 기대하지 않았던 덫과 같이 닥칠 것이다.

다시 한 번 세상을 뒤덮을 홍수가 우리에게 임할 것이다. 그러나 그것은 물의 홍수가 아니고 세상의 것들을 사랑하는 홍수일 것이다. 선지자 다니엘은 그 시대는 사람들이 빨리 왕래하는 때이며, 인류의 지식이 급격히 증가하는 때라고 말한다(단 12:4). 이때는 사람들이 보고 듣고 만지는 것을 의지하며, 믿음이 식어 가는 때다. 또 불법이 성하므로 사랑이 식는 때가 될 것이라고 주님은 말씀하신다(마 24:12). 그리고 "생각하지 않은 때에"(눅 12:40) 또 사람들이 "평안하다, 안전하다 할 그때에"(살전 5:3) 주님이 다시 오시리라고 말씀하신다. 물질지상주의가 온 세상에 편만하고 그리스도인들까지 그 마음과 생각에서 하나님을 점점 더 잊어버리는, 경건치 아니한 때가 될 것이다.

그럼 이런 때를 살도록 부르심 받은 우리는 어떻게 살아가야 할까? 성경은 노아가 "하나님께서 자기에게 명하신 대로 다 준행하였다"고 기록한다. 그는 하나님과 동행하면서, 또 하나님을 경외함으로 방주를 예비했다. 우리가 지어야 할 방주는 무엇인가? 방주는 무엇을 예표하는 것인가? 방주는 배가 아니다. 방주의 목적은 항해하는 데 있는 것이 아니라, 안전하게 물에 떠 있는 데에 있다. 방주라는 말은 상자라는 뜻이며, 방주는 실제로 위에 창이 있고 옆에 문이 있는, 길이가 약 150m, 너비가 25m, 높이가 15m 정도인 거대한 상자 모양이었다. 사실 방주의 설계도를 보면 마치 죽은 사람을 넣는 길쭉한 관과 같은 형상이다. 거기다 안팎에 검은 역청까지 발랐으므로, 방주는 아마도 물에 떠다니는 거대한 관처럼 보였을 것이다. 얼마나 흥미로운 비유인가? 방주는 환난 날의 피난처다. 그 피난처는 우리의 주님이시며, 그 안에서 우리는 세상에 대하여 죽고 세상은 우리에 대하여 죽는다. 그렇기에 영적 홍수가 세상을 뒤덮을 때에도, 그것은 이미 세상에 대하여 죽은 우리를 어찌지 못한다. 우리는 주님 안에서 안전하다.

또한 방주는 하나님의 전이요, 하나가 된 그리스도의 몸이다. 에스겔에게 보여 주신 하나님 전의 모습과도 같이, 방주는 총 3개의 층으로 되어 있다. 또 방주는 수많은 나무가 깎이고 연결되어 하나가 된 구조물이다. 우리는 하나님의 강가에 심은 나무들이다. 어느 날 하나님은 이 나무들을 깎고 다듬고 하나로 연결하여 자기의 집을 지으실 것이다. 그리고 어둡고 캄캄한 날에, 흩어졌던 자기의 양 무리를 모으실 것이다. 그리고 방주 안팎을 칠한 역청처럼, 우리를 성령으로 하나가 되게 하실 것이다. 나무 하나하나로는 그 창일한 홍수를 견딜 수 없다. 사랑으로 하나 된 그리스도의 몸만이 세상을 이길 것이다.

산을 오르는 신앙과
방주를 짓는 신앙

두 가지 종류의 신앙생활이 있다. 하나는 산을 오르는 신앙생활이요, 다른 하나는 방주를 짓는 신앙생활이다. 우리가 홍수를 피해 높은 곳으로 가는 것은 홍수에 대한 자연적인 대응책일 것이다. 신앙생활도 마찬가지다. 하나님의 말씀을 지키기 위해 노력하고, 많은 사역을 하고, 기독교계에서 인정을 받고, 어느 정도 세상의 영향을 받지 않을 수 있다. 하지만 그날은 다르다. 그날은 우리의 참된 신앙을 시험할 것이다. 그날에는 우리의 신앙생활이 사람들의 기준으로 얼마나 높은 곳에 있었는지는 문제가 되지 않는다. 산을 오르는 신앙생활은 종교적인 것으로 보이나 아직도 '땅에' 붙어 있는 삶을 말한다. 반면 방주는 아무리 낮은 곳에 있어도 상관이 없다. 방주는 근본적으로 땅과 분리되어 있기 때문에, 홍수가 올 때 물 위에 떠오를 것이다. 성경은 홍수가 닥쳤을 때의 상황에 대해 "홍수가 땅에 사십 일 동안 계속된지라 물이 많아져 방주가 땅에서 떠올랐고 물이 더 많아져 땅에 넘치매 방주가 물 위에 떠다녔으며 물이 땅에 더욱 넘치매 천하의 높은 산이 다 잠겼더니"(창 7:17-19)라고 기록한다.

그날엔 높은 산이 우리의 안전을 보장해 주지 않는다. 존경받고 유명한 수많은 그리스도인도 그때는 변절할지도 모른다. 높은 곳으로 가는 것은 해결책이 아니다. 세상을 사랑하는 홍수가 우리를 덮을 때, 홍수에 쓸려가지 않을 사람들은 피난처이신 주님 안에 감추어져 있는 사람들뿐이다. 예레미야 선지자는 "작은 산들과 큰 산 위에서 떠드는 것은 참으로 헛된 일이라 이스라엘의 구원은 진실로 우리 하나님 여호와께 있나이다"(렘 3:23)라고 한다. 방주를 예비한 삶은 다르다. 물이 많아지면 많아질수록, 홍수가 창일하면 할수록 방주는 더 높이 떠오른다.

방주 안팎을 구별해 주는 경계는 잘린 나무다. 이 잘린 나무는 그리스도의 십자가를 상징한다. 십자가를 통해 우리는 세상에 대하여 못 박혔고, 세상은 우리에 대하여 못 박혔다. 방주의 밖에는 심판과 저주가 있지만, 잘린 나무로 된 이 방주 안에는 안전과 생명이 있다. 이 방주는 피난처이신 그리스도시며, 하나님의 진노로부터 피할 유일한 피난처다.

우리의 생명은 그리스도 안에 감추어져 있는가? 방주를 준비하며 살고 있는가? 방주를 예비한 사람은 환난이 오고 어려움이 닥쳐올 때 하나님께 더 가까이 가고 더 자유로워진다. 방주를 준비하는 삶은 그리스도 안에서 감추인 삶이며, 세상에 있지만 세상에 속하지 않은 삶이다.

내가 뉴욕에 살던 때, 뉴욕 시에서 자연 보호 운동의 일환으로 송골매들을 위해 센트럴 파크 근처의 높은 빌딩 위에 새집을 지어 준 일이 있었다. 송골매는 시속 322km의 속도로 날며 급강하할 수 있는 새로, 세상에서 가장 빠른 동물 중 하나로 알려져 있다. 높은 빌딩 난간에 만들어진 이 새집들은 송골매에게 익숙한 자연환경과 비슷한 조건을 제공해 준다. 이 새들은 아주 복잡한 도시 뉴욕에서 살지만, 그 지역에 사는 다른 새들과는 삶의 방법이 전혀 다른 새이기 때문이다.

뉴욕에는 비둘기도 아주 많다. 그 비둘기들을 관찰하고 있노라면, 바쁘게 사는 그 어떤 뉴욕 사람들보다도 더 바쁘게 사는 것만 같아 보인다. 그 복잡한 거리에서 차를 피하고 사람들의 발길을 피해 빌딩 사이로 이리저리 몰려다닌다. 그들은 어느덧 뉴욕 시의 바쁜 삶의 일부분이 되었다. 하지만 똑같이 뉴욕 시에서 살고 있는 송골매의 삶은 근본적으로 다르다. 그들은 높은 빌딩 위로 부는 기류를 타고 공중에 떠서, 유유자적하게 뉴욕의 상공을 돈다. 배가 고프면 이따금 센트럴 파크 같은 곳에 급강하하여 쥐나 다람쥐나 조그만 새를 채어 날아오른다. 그리고 유유히 다시 상공을 선회한다. 송골매는 뉴욕에 살지만, 뉴욕의 바쁘고 복잡한 삶에 속하지 않는다.

하나님은 우리도 세상에 살지만 세상에 속하지 않았다고 말씀하신다. 우리의 삶은 세상에 있으나, 우리의 마음과 생각은 그분을 향하고 있기 때문이다. 우리의 눈은 마음의 창, 즉 무언가가 마음과 생각으로 들어가는 통로다. 하나님의 것들을 보고 사는 사람은 세상과 분리된 삶을 사는 사람으로, 그는 방주에 감추어진 삶을 살 것이다. 그러나 마음이 세상과 분리되어 있지 않은 사람은 세상의 것들을 보고 주목하며, 그의 영적 눈은 소돔에 살았던 롯처럼 점점 더 어두워질 것이다.

주님이 우리에게 물으신다. **"네가 무엇을 보느냐?** 너는 잠깐 보이는 것들에 주목하고 거기에 마음을 두고 사느냐? 아니면 내게서 오는 비전과 영원한 것들을 바라보며 사느냐? 나에게는 이 세대를 위해, 또 너를 위해 준비한 아름다운 계획이 있다. 너는 그것들을 보고 있느냐?"

당신이 가야 할 길이 보이지 않는가? 당신과 미래 세대를 향한 주님의 뜻을 알고 싶은가? 예수님이 지나가실 때 바디매오가 외쳤던 "주여, 내가 보기를 원합니다!"라는 외침을 당신도 외쳐 보지 않겠는가? 이 세대를 올바로 살기 위해, 단 한 번밖에 없는 이 삶을 헛되이 보내지 않고 하나님의 뜻 한가운데 살기 위해, 하나님 나라가 이 땅에 임하게 하기 위해, "주님, 제 눈을 떠서 주님의 비전을 보게 해주십시오!"라고 기도하지 않겠는가? 또 그리스도의 몸된 교회를 위해, 다음 세대를 짊어질 젊은이들을 위해, 엘리사가 드렸던 기도를 드리지 않겠는가? "여호와여 원하건대 그의 눈을 열어서 보게 하옵소서"(왕하 6:17).

주님, 우리가 주님의 것을, 영원한 것을,
보이지 않는 것을 믿음으로 보게 하소서.

제가 세상의 것들에 주목하고 있을 때,
삶의 염려로 마음이 둔하여 있을 때,
제 마음이 안목의 정욕을 따라갈 때,

"네가 무엇을 보느냐?"라고 물어 주소서.
그리고 제가 하나님의 마음과 생각과 비전을 보게 해주소서.

예수께서 빌립보 가이사랴 지방에 이르러
제자들에게 물어 이르시되 사람들이 인자를 누구라 하느냐
이르되 더러는 세례 요한, 더러는 엘리야,
어떤 이는 예레미야나 선지자 중의 하나라 하나이다
이르시되 너희는 나를 누구라 하느냐
시몬 베드로가 대답하여 이르되 주는 그리스도시요
살아 계신 하나님의 아들이시니이다(마 16:13-16).

6. 여섯 번째 질문
"너희는 나를 누구라 하느냐?"
주님을 인격적으로 만난다는 것

빌립보의 가이사랴 지방에 이르렀을 때 예수님이 제자들에게, 사람들이 자신에 대해 뭐라고 하는지 물으셨다. 제자들은 "세례자 요한이라고 하는 사람들도 있고, 엘리야라고 하는 사람들도 있고, 예레미야나 선지자 가운데 한 분이라고 하는 사람들도 있습니다"라고 대답했다. 이에 예수님이 그들에게 다시 물으셨다. **"너희는 나를 누구라 하느냐?"**

예수님의 이 질문에 시몬 베드로는 자기 마음에 믿고 있는 대로 대답했다. "주는 그리스도(그리스도란 헬라어로 '기름부음을 받으신 분'이라는 뜻의 단어로 유대인들이 기다리는 구원자를 지칭하며, 히브리어로는 '메시아'라고도 한다)시요 살아 계신 하나님의 아들이시니이다." 그때 예수님은 베드로의 그 고백이 하나님께로부터 온 것이라고 말씀하셨다. 그것은 예수님을 가까이 따르며 그분을 직접 경험했던 베드로의 개인적인 고백이었다.

　예수님이 돌아가신 지 사흘이 지났을 때 예수님이 부활하셨다는 소식이 들려왔지만 제자들, 특히 도마는 그 말을 믿을 수 없었다. 그는 "내가 직접 그분의 못 자국 난 손과 발을 만져 보고, 그 옆구리에 손을 넣어 상처를 확인하기 전에는 믿을 수 없다"라고 말했다. 그러자 예수님은 그에게 나타나셔서 자신의 손과 발과 옆구리를 만져 보라고 하셨다. 도마는 그렇게 예수님의 부활을 확인한 후 이렇게 고백했다. "나의 주, 나의 하나님!" 이것은 **"너는 나를 누구라 하느냐?"**는 물음에 대한 '정답'이 아니라, 이제는 의심을 넘어서서 다시 사신 주님을 체험한 도마의 지극히 개인적인 고백이었다.

살아 있는 믿음

우리는 모범 답안을 좋아한다. 나에게 참된 경험과 실제적인 지식이 없더라도, 모범 답안을 갖고 있으면 안심할 수 있다. 그것은 모든 사람이 인정한 안전한 답이기 때문이다. 내가 학교에 다닐 때는 주로 주입식 교육을 받았다. 질문과 그 질문에 대한 정답을 한꺼번에 머리에 새기는 것이다. 이와 같이 오늘날 교회에서 예수님이 누구이신지 물을 때 베드

6. 여섯 번째 질문: "너희는 나를 누구라 하느냐?"

로의 고백은 하나의 '모범 답안'이 되었다. 하지만 주님은 우리가 모범 답안이나 '정통' 신학을 얼마나 정확히 알고 있는가에 관심이 없으시다. 주님은 우리의 실제 삶에서 우리에게 그분은 과연 누구이신지 물으신다. **"너는 나를 누구라 하느냐?"**

이 질문은 개인적인 질문이기도 하지만, 그리스도의 몸 된 교회에 물으시는 공동체적인 질문이기도 하다. 나는, 그리고 우리는 예수 그리스도를 누구라고 고백하는가? 나에게, 그리고 우리에게 예수 그리스도는 어떤 분인가? 내가 체험하고 내가 인격적으로 아는 예수님, 우리 믿음의 공동체가 함께 체험한 주님은 어떤 분인가?

한번은 전 국민의 95% 정도가 자신은 가톨릭교도라고 고백하는 한 섬나라에 간 적이 있다. 그 나라 사람들이 사는 집을 방문하고, 삶과 신앙에 관해 그들과 대화를 나누어 보니, 그들은 기독교 교리와 예수님에 대한 지식을 잘 알고 있었다. 예수님은 하나님의 독생자이며 동정녀의 몸에서 탄생했고 죄가 없는 삶을 사셨다는 것, 수많은 기적을 베푸셨다는 것, 또 우리의 죄를 대속하기 위하여 십자가에 돌아가신 후에 부활하고 승천하셔서 이제는 하나님 보좌 우편에 앉아 계시며, 후일에 세상을 심판하려 다시 오셔서 능력으로 다스리실 것을 잘 알고 있었다.

그들은 다 갓난아이 때 세례를 받았으며, 교리와 교회의 강령들을 배우고 고백하며 자랐고, 예수 그리스도를 주님이자 하나님의 아들로 고백했다. 하지만 그들의 삶을 보고 그들과 마음을 나누려 했을 때, 대부분 사람 안에 하나님의 생명이 느껴지지 않았다. 진리에 대한 갈망도,

하나님과 이웃들에 대한 사랑도, 하나님을 참으로 예배하는 마음도 보이지 않았다. 그렇다. 이런 교리와 지식이 우리에게 그리스도의 생명을 주는 것이 아니다. 아, 사탄도 이런 교리나 지식에 대해서는 우리보다 더 자세히 알고 있지 않은가!

우리가 예수님에 관한 모든 기록을 다 알고 또 믿는다고 하자. 그러나 그것이 오늘 나의 삶에 살아 있지 않다면 나와 무슨 상관이 있는가? 하나님은 산 자의 하나님이시다. 어제의 예수님을 믿는 것은 어렵지 않다. 다시 오실 미래의 주님을 믿는 것도 어렵지 않다. 그러나 오늘 살아 계신 주님을 믿는 것은 우리에게 참된 믿음을 요구한다. 영생은 곧 하나님과 그분이 보내신 자 예수 그리스도를 아는 것이 아닌가? 그러나 예수 그리스도를 아는 것은 지식으로 갖게 되는 앎이 아니라, 주님을 사랑하고 신뢰하는 삶을 살 때에만 가지게 되는 진정한 앎이다.

성경, 그리고 세계관

'예수 그리스도가 누구이신가?'라는 질문을 두고 지난 2천 년 동안 수많은 신학적 논쟁이 있었고, 많은 교회가 분열되었고, 많은 사람이 그 분쟁 때문에 희생되었다. 참 마음 아픈 일이다. 그리스도를 더욱더 알아 가는 일이 교회에 분열을 일으키는 이유는 대체 무엇인가? 그리스도를 알수록 우리는 더욱더 하나 되어야 하지 않는가? 무엇이 잘못되었는가? 그 이유 중 하나는 우리가 '예수님을 아는 것'을 '예수님에 대한 교리'로 바꾸어 버렸기 때문이다.

서양의 철학과 신학을 공부해 보면, 서양 신학이 서양 철학의 주체인 헬레니즘으로부터 얼마나 많은 영향을 받았는지 너무도 분명히 알 수 있다. 서양 신학의 양대 교부인 아우구스티누스와 토마스 아퀴나스의 신학은 각각 플라톤과 아리스토텔레스의 깊고 방대한 철학 체계에 기독교라는 특이성을 더하여 정립한 것이다. 한 가지 기억할 것은, 모든 철학은 그 철학이 형성된 문화의 세계관을 배경으로 만들어진다는 것이다. 헬라 철학은 지식과 실제 삶에 대해, 또 마음(mind)과 몸(body)에 대해 뿌리 깊은 이원론적 개념을 가지고 있다. 그리고 이 헬레니즘에 기반을 둔 서양 문화는 오늘날 전 세계에 영향을 끼치며, 현대인의 언어와 생각, 개념 체계에까지 깊은 영향을 미치고 있다. 물론 한 세대를 지배하는 문화와 철학의 영향을 완전히 피할 수는 없을 것이다. 그러나 우리는 그 영향력을 분별하고, 이 시대의 지배적인 철학과 언어와 세계관으로 하나님의 말씀을 곡해하지 않도록 주의해야 한다.

성경이 기록된 배경이 된 유대인의 사고방식과 세계관은 이원론적인 헬라인의 사고방식이나 세계관과는 크게 다르다. 성경적인 세계관에서는 '알아 가는 것'과 '살아가는 것'이 분리될 수 없다. 진리는 삶을 통해 실천할 때에만 더 잘 알아 갈 수 있는 것이라고 보기 때문이다. 또한 근본적으로 영적인 것과 실제적인 것의 분리도 없다. 어떤 의미에서 영적인 것은 가장 실제적인 것이기 때문이다. '우리의 몸을 하나님께 산

제사로 드리는 것이 바로 진정한 영적 예배'(롬 12:1)라는 바울의 말을 기억하는가?

여기서 철학과 세계관에 관해 잠시 이야기하는 이유가 있다. 오늘날의 서양 신학은 예수님이 누구이신가에 대해 생각할 때 이런 헬레니즘적 세계관의 영향을 많이 받고 있기 때문이다.

우리 중 하나가 되신 하나님

> 태초에 '말씀'이 계셨다. 그 '말씀'은 하나님과 함께 계셨다. 그 '말씀'은 하나님이셨다.…그 말씀이 육신이 되어 우리 가운데 사셨다 요 1:1, 14, 새번역

이 얼마나 놀라운 말씀인가? 말씀이 육신이 되었다. 요한복음서의 기자는 여기서 '말씀'이라는 단어에 '로고스'라는 헬라어를 사용했다. 기독교 역사 초기에는 동방교회와 서방교회가 이 로고스라는 말을 서로 다르게 해석했다. 문화와 세계관의 차이 때문이었다. 한국어 성경은 로고스를 '말씀'이라는 단어로 번역했는데, 이는 헬라 문화의 영향을 더 많이 받은 서방교회적인 번역이다. 이에 비해 중국어 성경은 로고스를 좀 더 역동적인 개념인 '다오'(道)라고 번역했는데, 이는 동방교회적인 번역이라고 볼 수 있다. 요한복음은 예수님이 '로고스'이셨으며, 육신이 되어 우리 가운데 사셨다고 기록한다. 여기에서 '육신'이라는 말은 '사

르크스'라는 헬라어를 썼는데, 이는 몸만 의미하는 것이 아니라 혈육을 가진 인간 전체를 의미하는 말이다. 자칫 이분법적으로 해석하면 예수 그리스도는 하나님으로서 몸만 인간이 되신 분처럼 오해하기 쉽다.

우리는 예수님이 우리와 다르다고 생각하기를 원한다. '그분은 하나님이시다. 그분은 우리와 근본적으로 달랐다. 잠시 인간의 몸을 입긴 하셨지만, 우리와는 근본적으로 전혀 달랐다'라고 생각하고 해석하려 한다. 이는 두 가지 심리적인 이유 때문인데, 첫째는 예수님을 우리와 같이 만들어 버림으로써 예수님의 가치를 떨어뜨리면 안 될 것 같기 때문이고, 둘째는 그분이 근본적으로 우리와 같으셨다면 우리가 예수님처럼 살지 못하는 것에 대한 핑계가 없어지기 때문이다. 그러나 성경은 이렇게 말한다. "말씀이 육신이 되셨다."

진실은 우리의 생각과는 정반대다. 주님은 모든 면에서 우리와 아주 같아지셨기 때문에 우리를 위해 대신 돌아가실 수 있었고, 우리에게 본을 보여 주실 수 있었다. 아니, 오히려 우리보다 더 낮아지셨기에 하나님은 그분을 모든 이름보다 높이셨고, 그분은 우리를 모두 섬길 수 있으셨다.

> 우리에게 있는 대제사장은 우리의 연약함을 동정하지 못하실 이가 아니요 모든 일에 우리와 똑같이 시험을 받으신 이로되 죄는 없으시니라…그가 무식하고 미혹된 자를 능히 용납할 수 있는 것은 자기도 연약에 휩싸여 있음이라 히 4:15, 5:2

앞서 "네 아우 아벨이 어디 있느냐?"는 두 번째 질문을 묵상할 때 잠깐 이야기했지만, 성경에 나타난 예수님에 대한 기록들을 좀 더 자세히 돌아보며, 인생들이 겪는 연약함과 시험, 제약을 주님이 얼마나 우리와 동일하게 모두 겪으셨는지 생각해 보자.

말씀이 육신이 되셨다. 그때 그분은 힘없는 아기로 세상에 태어나셨다. 그분을 맞기 위해 요셉은 아기를 뉠 곳을 찾아야 했고, 마리아는 해산의 고통을 겪어야 했다. 그분은 스스로 충분하고 온전한 사람으로 오지 않으셨다. 그분은 부모에게 전적으로 의지할 수밖에 없는 갓난아이였다. 다른 갓난아이들과 똑같이 배고프고 불편하면 울어야 했던, 부모의 전적인 보호와 사랑이 필요한 아이로 세상에 오셨다. 요셉은 그분을 살리기 위해 애굽으로 피신해야 했고, 헤롯이 죽은 후에야 자기 고향 나사렛으로 돌아올 수 있었다.

대부분 사람처럼 그분 역시 귀족 가문이나 풍족한 부잣집에서 태어나지 않으셨다. 왕자의 신분으로 태어나신 것도 아니고, 문화가 발전된 선진국에 태어나신 것도 아니고, 변방에 있는 속국의 가난한 목수의 가정에서 태어나셨다. 예수님이 자라나던 어린 시절이나 청소년 시절에 관해서 알려진 내용은 거의 없다. 예수님이 태어나시던 때에 있었던 일들과 12세 때 예루살렘에 올라가서 벌어졌던 사건 외에는, 예수님이 30세 무렵 공생애를 시작하실 때까지에 관해 아무런 구체적인 기록이 없다. 그러나 성경의 다른 기록들과 당시의 상황을 미루어 볼 때, 예수님이 어떠한 삶을 사셨을지는 어느 정도 짐작할 수 있다.

예수님은 처음부터 하나님과 삶에 대한 온전한 지식을 가지고 있지 않으셨으며, 우리처럼 모든 것을 배우고 성장하셔야 했다. 성경은 예수님이 12세 때 처음으로 예루살렘에 올라갔을 때, 성전에서 랍비들의 말을 듣기도 하고 묻기도 하셨다고 기록한다(눅 2:46). 당시엔 의무 교육이 없었던 데다가 예수님은 가난한 가정에서 자랐기에 정규 교육을 전혀 받지 못하셨다. 하지만 집에서나 회당에서 글을 읽는 것을 배웠고, 안식일이면 회당에 가서 성경을 읽곤 하셨을 것이다. 그분은 유대인으로 자라났다. 유대 민족의 언어를 배우고 관습을 따랐으며, 복음서에 기록된 이방인들과의 대화에서 여러 번 보여 준 것처럼 자신을 유대인의 한 사람으로 여기셨다.

누가는 이렇게 기록한다. "예수는 지혜와 키가 자라가며 하나님과 사람에게 더욱 사랑스러워 가시더라"(눅 2:52). 또한 히브리서 기자는 "그가 아들이시면서도 받으신 고난으로 순종함을 배워서"(히 5:8)라고 했다. 그분은 아름답게 완성된 사람으로 태어나신 것이 아니라, 우리처럼 선한 것들을 배우며 자라나셔야 했다. 그분은 가난하고 연약하고 교육받지 못한 시골 소년으로 자라나셨다. 그 시대 대부분 가난한 집 아이들이 그랬듯이 부모님을 도우며 노동자로 손과 발이 굵어지셨을 것이다. 이사야는 이스라엘이 기다리던 메시아의 자라나는 모습을 이렇게 기술했다.

그는 주 앞에서 자라나기를 연한 순 같고 마른 땅에서 나온 뿌리 같아서 고운 모양도 없고 풍채도 없은즉 우리가 보기에 흠모할 만한 아름다운 것이 없도다 그는 멸시를 받아 사람들에게 버림받았으며 간고를 많이 겪었으며 질고를 아는 자라 마치 사람들이 그에게서 얼굴을 가리는 것 같이 멸시를 당하였고 우리도 그를 귀히 여기지 아니하였도다 그는 실로 우리의 질고를 지고 우리의 슬픔을 당하였거늘 우리는 생각하기를 그는 징벌을 받아 하나님께 맞으며 고난을 당한다 하였노라 사 53:2-4

이 말씀을 자세히 살펴보자. 여기에 비친 모습은 우리가 흔히 접하는 '예수님의 초상화'에 나오는 모습과는 너무나 다르다. 우리는 외모를 중요하게 여긴다. 그래서 많은 화가가 존경하는 예수님께 아름다운 외모를 부여하여 그분의 모습을 그렸다. 그분을 흰 피부와 갈색 머리, 영혼을 빨아들이는 듯한 깊고 파란 눈을 가진 건장하고도 부드러운 미남으로 그렸다. 하지만 이사야는 하나님께 기름부음 받으신 메시아의 외모에 대해 뭐라 말하는가? "풍채도 없은즉 우리가 보기에 흠모할 만한 아름다운 것이 없도다." 그는 풍채도 없고 위엄도 없었다. 보잘것없는 외모를 가졌으며, 사람들이 흠모할 만한 점이 전혀 없었다. 그분은 사람들의 멸시를, 친구들에게 조소와 따돌림을 받는 것이 무엇인지를 잘 알고 있었다.

이사야는 계속해서 이렇게 말한다. "그는 멸시를 받아 사람들에게 버림받았으며 간고를 많이 겪었으며 질고를 아는 자라." 그분의 몸은 매우 연약했다. 어렸을 때부터 많은 병을 겪어 아픔과 고통에 익숙했다. 이사야는 그분이 마른 땅에서 가까스로 나온 순처럼 겨우 자라났다고 기록한다. 아마 그 당시 아이들에게 만연했던 전염병들을 경험하셨을지 모른다. 홍역이나 천연두 같은 병들은 몸에 후유증을 남기기도 하는데, 그런 병과 아픔의 흔적들이 몸과 얼굴에 남아 있었을지도 모른다. 예수님은 열등감과 연약함을 가지고 사는 것이 무엇인지 아셨다.

내가 가장 어렸을 때의 기억 중 하나는 외모 때문에 동네 아이들에게 조롱받았던 일이다. 나는 나이에 비해 몸이 작고, 다른 아이들에 비해 머리가 많이 컸다. 하루는 아이들과 함께 놀러 나갔다가 울며 돌아왔던 기억이 난다. 집에 뛰쳐 들어와 어머니의 품에 안기며 나는 이렇게 말했다. "엄마, 애들이 대갈보라고 놀려!" 여기서 '대갈보'란 머리가 큰 사람을 낮잡아서 놀리는 말이다. 아주 어릴 때부터 자리 잡은 나의 열등감은 이사야서에 기록된 주님을 만날 때까지 치유되지 않았다.

성장기 때 아이들은 대부분 자신의 몸에 대한 열등감을 가지게 된다. 특별히 지금처럼 외모가 우상이 되어 버린 사회에서는 더욱 그렇다. 이러한 문화는 자라나는 아이들의 마음을 비뚤어지게 하고, 우리를 향한 하나님의 사랑을 의심케 하고, 자신의 가치를 부정하는 아픔을 준다. 그러나 우리는 기억해야 한다. 예수님의 사역 중에서 가장 중요한 부분이 치유였던 것을 아는가? 그분은 아픈 이들을 일일이 찾아가시고, 마음이 상한 자를 고치고, 천하고 조롱받는 사람들과 함께 생활하셨다. 아무리 피곤하더라도, 몰려오는 아픈 사람들을 위해 수고하기를 마다치 않으셨다. 그분은 무리를 보시고 불쌍히 여기셨다. 왜냐하면 그들의 아품을 친히 아셨고, 또 함께 느끼셨기 때문이다.

**마리아의 아들
목수**

> 이 사람이 마리아의 아들 목수가 아니냐 야고보와 요셉과 유다와 시몬의 형제가 아니냐 그 누이들이 우리와 함께 여기 있지 아니하냐 하고 예수를 배척한지라 막 6:3

예수님이 장성하여 하나님 나라를 선포하는 사역을 시작하셨을 때 마을 사람들은 그분을 배척했다. 예수님이 그들과 똑같은 시골 노동자였기 때문이다. 별다른 학식도 없었고, 공적인 사역을 일으킬 만한 재산도 없었고, 권력으로 통하는 끈도 없었다. 사람들은 '어떻게 이런 사람이 다른 사람들을 가르치고 이끌 수 있단 말인가?' 하고 생각했다. 그 당시 갈릴리 지방은 유대와 사마리아와 더불어 로마에 속해 있던 이스라엘 세 구획 중 가장 북쪽에 있는 변방 지역으로, 외국인들도 많이 거주하고 유대에서 사람들을 귀양 보내기도 했던 곳이었다. 그런데 그 지역 가운데서도 나사렛은 특별히 지역 차별을 받았던 듯하다. 빌립이 자기 친구 나다나엘에게 예수님을 소개하자, 그가 이렇게 되물었다는 기록이 있다. "나사렛에서 무슨 선한 것이 날 수 있느냐?"(요 1:46)

또 사람들은 예수님을 '마리아의 아들'이라고 불렀다. 이는 유대인들에게는 다소 예외적인 호칭이었다. 전통적으로 유대인들은 누군가를 호칭할 때 그 아버지의 이름을 따라서 불렀다. '세베대의 아들 아무개', '요한의 아들 아무개'와 같이 말이다. 하지만 예수님은 유독 어머니의 이름을 따라 '마리아의 아들'이라고 불리셨다. 어떤 성경학자들은 이것이 예수님의 출생과 관련하여 그분을 비하하는 의미로 불린 이름이 아니었나 생각한다. 예수님의 출생과 그 이후의 상황에 비추어 볼 때 충분히 가능성이 있는 이야기라고 본다.

예수님이 성장하신 나사렛은 한 사람에게 일어난 일들을 모든 마을 사람이 알 수 있을 만큼 작은 동네였다. 그런 시골이었으니, 마리아가 혼인 전에 아이를 가진 것이 사람들에게 알려졌을 수도 있다. 이 일로 요셉이 어찌해야 할지 고민했던 것이 복음서에 기록되어 있다. 마리아가 성령으로 잉태했음을 믿는 사람이 과연 어디 있었겠는가? 마리아의 배 속에 있는 아이를 사생자라 생각하지 않는 사람이 과연 몇이나 되었겠는가? 마리아에게 직접 말하지 않았을지는 몰라도, 동네 사람들이 왜 그 소문을 가지고 쑥덕대지 않았겠는가? 당시 유대인들에게 있어 사생아를 낳았다는 사실은 몹시 부끄러운 일이었다.

요셉과 마리아는 로마 황제의 호구조사를 빌미로 자기 동네를 피해 아무도 모르는 먼 곳에서 아기를 낳은 것이 오히려 다행이라고 여겼을지도 모른다. 아기를 낳은 후 한동안 계속 베들레헴에 머물러 있었던 것도 그러한 이유 때문인지 모른다. 동방에서 온 박사들이 베들레헴을 찾아갔다가 돌아오지 않자 헤롯이 군인들을 보내어 2세 이하의 아이들을 다 죽인 사실로 보아, 요셉과 마리아는 해산 후 충분히 돌아갈 수 있었던 때에도 고향에 돌아가지 않고 있었던 듯하다. 혹시 사람들이 사생아라고 수군거릴 것이 뻔한 고향 마을로 돌아갈 마음이 없었기 때문은 아니었을까? 그래도 결국 그들은 하나님의 명령에 따라 애굽에서 나사렛으로 돌아간다. 만약 예수님이 '마리아의 아들'이라고 불린 이유가 그런 데 있었다면, 이사야의 예언을 더 마음 깊이 이해할 수 있다. "그는 멸시를 받아 사람들에게 버림받았으며 간고를 많이 겪었으며 질고를 아는 자라 마치 사람들이 그에게서 얼굴을 가리는 것 같이 멸시를 당하였고 우리도 그를 귀히 여기지 아니하였도다"(사 53:3).

아마도 예수님의 아버지 요셉은 일찍 세상을 떴던 것 같다. 예수님이 사역을 시작하셨을 때 요셉에 대한 기록이 더는 나오지 않기 때문이다. 사람들은 그분을 '마리아의 아들 목수'라고 불렀다. 가나에서 열린 친지의 결혼식에서 포도주가 떨어지는 사고가 발생했을 때 마리아가 일꾼들에게 "무슨 말씀을 하시든지 그대로 하라"고 말한 것을 미루어 볼 때, 마리아도 그 당시 이미 예수님을 가장으로서 의지하고 있었음을 짐작해 볼 수 있다. 옛날 가정들이 흔히 그랬듯이, 예수님의 가정도 작은 가정이 아니었다. 부모님, 예수, 누가복음에 이름이 기록된 장성한 네 형제, 그리고 시집간 자매들까지 합하면 최소한 9명의 식구였다. 또 당시에는 어려서 병으로 죽는 아이들이 많았으므로 식구가 더 많았을 수도 있다. 예수님은 형제 중에 맏이였다. 따라서 연약한 몸으로 아버지를 따라 힘든 목수 일을 도우며 동생들도 보살펴야 했을 것이다. 그리고 아버지 요셉이 죽은 후에는 가정의 모든 짐을 지고 살았을 것이다.

그분은 가난과 병이 무엇을 의미하는지, 배고픔과 추위가 어떠한 것인지를 친히 경험하셨다. 그렇기에 우리가 월세를 내야 하고 아이들을 학교에 보내야 하고 아플 때 의료보험을 걱정해야 하는 것을 아신다. 가진 것 없이 노년을 맞는 두려움을 아시고, 이 세상의 걱정들이 우리를 얼마나 지배하고 파괴할 수 있는지도 아신다. 그분 또한 우리처럼 피곤을 느끼셨으며 쉬어야 했다. 힘든 사역 후에는 뱃머리에서 잠을 청하셔야 했다. 그분은 돌아다니며 사역을 하시면서, 자신을 따르려는 사람들에게 "여우도 굴이 있고 공중의 새도 집이 있으되 인자는 머리 둘 곳이 없도다"(눅 9:28)라고 말씀하셨다. 그러나 그분은 이 모든 경험을 통해, 하나님 아버지를 의지하며 사는 법을 배우셨다. 산 위에서 가르치시던 예수님의 말씀을 기억하는가?

> 목숨을 위하여 무엇을 먹을까 무엇을 마실까 몸을 위하여 무엇을 입을까 염려하지 말라 목숨이 음식보다 중하지 아니하며 몸이 의복보다 중하지 아니하냐 공중의 새를 보라 심지도 않고 거두지도 않고 창고에 모아들이지도 아니하되 너희 하늘 아버지께서 기르시나니 너희는 이것들보다 귀하지 아니하냐 너희 중에 누가 염려함으로 그 키를 한 자라도 더할 수 있겠느냐 또 너희가 어찌 의복을 위하여 염려하느냐 들의 백합화가 어떻게 자라는가 생각하여 보라 수고도 아니하고 길쌈도 아니하느니라 그러나 내가 너희에게 말하노니 솔로몬의 모든 영광으로도 입

은 것이 이 꽃 하나만 같지 못하였느니라 오늘 있다가 내일 아궁이에 던져지는 들풀도 하나님이 이렇게 입히시거든 하물며 너희일까 보냐 믿음이 작은 자들아 그러므로 염려하여 이르기를 무엇을 먹을까 무엇을 마실까 무엇을 입을까 하지 말라 이는 다 이방인들이 구하는 것이라 너희 하늘 아버지께서 이 모든 것이 너희에게 있어야 할 줄을 아시느니라 그런즉 너희는 먼저 그의 나라와 그의 의를 구하라 그리하면 이 모든 것을 너희에게 더하시리라 그러므로 내일 일을 위하여 염려하지 말라 내일 일은 내일이 염려할 것이요 한 날의 괴로움은 그날로 족하니라

마 6:25 - 34

또한 그분은 우리가 겪는 모든 유혹과 시험을 동일하게 겪으셨다. 명예와 힘과 권력과 부와 성적인 유혹까지도, 우리와 똑같이 체험하고 아셨다. 인간의 모든 어두운 부분을 우리와 동일하게 체험하셨고, 그래서 이 모든 부분을 친히 아셨다. 그래서 사람들이 그분을 '선한 선생님'이라고 부를 때 이렇게 대답하셨다.

네가 어찌하여 나를 선하다 일컫느냐 하나님 한 분 외에는 선한 이가 없느니라 막 10:18

그분은 자신의 뜻을 내려놓고 하나님의 뜻을 따르기 위해 땀이 피가 되도록 고민하며 번뇌해야 했고, 가능하다면 십자가의 죽음과 아버

지와의 단절이라는 고통의 잔을 피하게 해 달라고 하나님께 간청했으며, 모든 삶을 바쳐 섬기고 순종했던 하나님 아버지께 완전히 버림받았을 때는 "나의 하나님, 나의 하나님, 어찌하여 나를 버리셨나이까"(마 27:46)라고 소리쳐 외치지 않고는 견딜 수 없으셨다.

그분은 참으로 우리와 같은 사람이셨다. 히브리서 기자의 말처럼 모든 일에 우리와 똑같이 시험을 받으셨다. 그분이 우리처럼 무지하고 미혹된 자를 능히 용납하실 수 있는 것은 자신도 그렇게 연약에 싸여 있었기 때문이다.

성경에서 예수님이 부활하신 후의 일에 대한 흥미로운 기록을 하나 볼 수 있다. 예수님과 가장 가까이 있었던 사람들인 막달라 마리아나 열한 제자, 엠마오로 가던 제자들 모두 부활하신 주님을 즉시 알아보지 못했다. 그들은 예수님과 대화를 나눈 후에야 그분이 부활하신 예수님인 것을 인식했다. 주님은 부활하신 후 신령한 몸을 가지셨으며, 우리도 부활 시에 썩지 아니할 신령한 몸을 가질 것이라고 말씀하셨다(고전 15:44 참고). 주님이 부활 후에 가지셨던 몸은 이 세상에서 육신이 되어 겪으셨던 모든 고통과 어려움과 아픔이 씻긴 새로운 몸은 아니었을까?

**예수님의
선언**

하나님과 대면한 모세가 그분의 이름을 여쭙자, 하나님은 단지 "나는 바로 나다"(I am who I am)라고 답하셨다. 이를 달리 번역하면 "나는 스스로 있는 자다" 또는 "나는 영존하는 자다"라고도 할 수 있으며, "나는 아무것도 비교할 수 없는 자다"라고 해석할 수도 있다. 예수님은 우리가 이 하나님을 구체적으로 알게 하시려고 오셨다. 그리고 예수님은 자신이 누구인지를 구체적으로 선언하셨다.

나는 세상의 빛이다 요 8:12

나는 포도나무요 너희는 가지이다 요 15:5

나는 하늘에서 내려온 산 떡이다 요 6:51

나는 양의 문이다 요 10:7

나는 선한 목자다 요 10:11

나는 곧 길이요 진리요 생명이다 요 14:6

나는 부활이요 생명이다 요 11:25

이 한 마디 한 마디가 얼마나 귀하고 깊이 있는가? 예수님을 더욱 알게 해주는 이 말씀들을, 사는 날 동안 항상 묵상하지 않겠는가?

**우주적
그리스도**

예수님은 온전히 우리와 같이 되신 분이다. 하지만 예수님은 2천 년 전

30여 년 동안 이 땅을 걸으며 우리와 함께하셨던 분인 동시에, 하나님이 세상을 지으시기 전에도 계셨고 앞으로도 영원히 계실 분이다. 예수 그리스도의 본성은 변함이 없다. 히브리서 기자의 고백처럼 "예수 그리스도는 어제나 오늘이나 영원토록 동일"(히 13:8)하시다.

성경은 이 땅에 오셔서 우리와 함께하셨던 예수님뿐만이 아닌, 우주적인 그리스도의 모습을 말씀하신다. 우리가 속해 있는 이 세계를 넘어선 보이지 않는 세계들을 포함한 개념이다. 이 말씀들을 깊이 묵상해 보면, 그리스도 안에 우리가 알지 못하는 깊고 놀라운 비밀이 감추어져 있음을 볼 수 있다.

말씀이 육신이 되어 우리 가운데 거하셨던 분은 근본 하나님의 본체셨다(빌 2:5-11). 그분은 말씀이셨고, 그 말씀은 하나님과 함께 계셨고, 그 말씀은 곧 하나님이셨다(요 1:1-2). 그리고 주님과 하나님은 하나셨다(요 10:30). 그리스도는 모든 창조물보다 먼저 나셨고(골 1:15), 세상이 창조되기 전에 하나님과 영광을 나누고 계셨으며(요 17:5, 24), 창세 전에 하나님 아버지와 사랑을 나누고 계셨다(요 1:18). 모든 것이 그로 말미암아 창조되었고, 그분 없이 창조된 것은 아무것도 없었다(요 1:3). 하나님은 창세 전에 그리스도 안에서 우리를 택하셨으며(엡 1:4-6), 세상의 죄를 속하기 위하여 어린양 예수 그리스도를 준비하셨으며(벧전 1:18-20), 그로 말미암지 않고는 아무도 아버지께 올 수가 없다(요 14:6). 하나님은 예수 그리스도를 통하여 세상을 회복하실 것이며, 이 세상을 회복하신 후에도 어린양 그리스도 예수께 찬양과 존귀와 영광과 권능

이 영원토록 있을 것이다(요 5:13).

여기서 한 가지 권고하고 싶은 것이 있다. 성경의 깊고 놀라운 세계 안에서 말씀을 묵상할 때, 우리가 가진 지식으로 성급히 해석하려 하지 말라는 것이다. 우리가 이미 가지고 있는 틀 안에서 하나님의 크고 비밀스러운 것들을 해석하려 할 때 진리에 관한 오류가 생기기 때문이다. 베드로 사도도 성경의 어려운 말씀들을 억지로 풀려고 하지 말 것을 권고한다(벧후 3:16).

히브리서 기자는 예수 그리스도가 누구이신가와 연관하여 멜기세덱이라고 하는 인물을 소개한다. 창세기에서 멜기세덱은 아브라함이 전쟁에서 승리하고 돌아오는 길에 십일조를 드린 '지극히 높으신 하나님의 제사장'이라고 기록되어 있다. 히브리서 기자는 이 멜기세덱에 대해 특이한 소개를 한다. 그의 이름의 뜻은 의의 왕이요 평강의 왕이며, 그에게는 아버지도 어머니도 족보도 없고, 생애의 시작도 없고, 생명의 끝도 없으며, 그는 하나님의 아들과 같아서 언제까지나 제사장으로 있다는 것이다(히 7:2-3). 그리고 예수님은 이 멜기세덱의 반차를 따른 영원한 대제사장이 되셨다고 말한다(히 6:20). 그리고 히브리서 기자는 멜기세덱에 관하여 더 할 말이 많으나 우리의 듣는 것이 둔하여 설명하기가 어렵다고 했다(히 5:10-11).

성경은 이 창조에 속하지 아니한 것들이 있다고 말한다(히 9:11). 그것들은 손으로 짓지 아니한 것들이며, 진동하지 않을 것들이다(히 9:11, 12:26). 우리는 창조에 속하지 않은 그 세계에 대해서는 잘 모른다. 하지만 하나님이 우리에게 알려 주신 진리를 실천하며 살아가고, 또 우리 마음에 더 큰 진리를 사모하는 겸손함과 갈급함이 있을 때, 그분은 그분의 때에 우리에게 필요한 계시와 이해하는 마음을 주실 것이다. 우리가 겸손으로 하나 되고 그리스도의 몸 가운데서 다른 지체로부터 서로 배울 때, 진리의 성령이 우리를 모든 진리 가운데로 인도하실 것을 믿는다. 그리고 그때 우리는 우리 주님에 대하여 더욱더 깊이 알아 갈 수 있을 것이다.

예수님만이 하셨던 사역

누가복음 9장 28-36절을 보면, 한번은 예수님이 제자 셋을 데리고 산에서 기도를 하셨다. 그런데 제자들이 보니 예수님의 용모가 변화되고, 모세와 엘리야가 그분과 함께 이야기하고 있었다. 모세와 엘리야가 떠나려 할 때에 베드로가 예수님께 그들을 위해 초막을 짓자고 했는데, 그때 구름이 그들을 덮고 "이는 나의 아들 곧 택함을 받은 자니 너희는 그의 말을 들으라"는 음성이 들렸다. 그 소리가 그쳤을 때에는 다만 예수님밖에 보지 않았다. 모세는 사람들에게 하나님의 말씀을 전해 준 대표적인 하나님의 사람이고, 엘리야는 큰 능력을 행한 대표적인 하나님의 종이다. 그러나 그런 그들도 할 수 없었던, 오로지 예수님만이 하셨던 사역이 몇 가지 있었다.

첫째는 우리와 하나님의 관계를 다시 회복하기 위해 우리를 대신하여 받으신 형벌과 고난이다. 예수 그리스도는 우리가 받아야 할 고통과 우리가 겪어야 할 슬픔을 당하셨다. "그가 찔림은 우리의 허물 때문이요 그가 상함은 우리의 죄악 때문이라 그가 징계를 받으므로 우리는 평화를 누리고 그가 채찍에 맞으므로 우리는 나음을 받았도다 우리는 다 양 같아서 그릇 행하여 각기 제 길로 갔거늘 여호와께서는 우리 모두의 죄악을 그에게 담당시키셨도다"(사 53:4-6).

어느 누구도 그 어떤 인생도 인류의 허물과 죄를 대신 담당할 수 없다. 하나님만이, 그리고 그분의 사랑만이 우리를 창조하신 통로가 되었던 그 '말씀'을 통하여 대속의 사역을 할 수 있으셨다. 그분은 하나님이 세상을 지으시기 전에 이미 세상을 용서하기로 결정하시고 세상을 위해 예비하신 하나님의 어린양이었다. 세례자 요한이 선포한 것처럼, 예수 그리스도는 세상의 모든 죄를 우리 대신 지고 가신 하나님의 어린양이었다.

둘째는 하나님을 우리의 아버지라고 알려 주신 것이다. 그분은 하나님을 아버지라 부르셨고, 하나님은 우리 아버지라고 가르쳐 주셨다. 그리고 이것 때문에 당시의 종교 지도자들에게 참람하다고 정죄받다가 죽임당하셨다. 예수님의 메시지의 중심은 '너희를 지으신 아버지께서 너희를 사랑하신다'라는 것이었다. 그리고 예수님은 몸소 그 사실을 보여 주시고 실제로 증거하셨다. 당시의 바리새인들과 종교 지도자들과 학자들은 율법에 의한 정죄로 하나님을 사람들로부터 멀리 떨어뜨려

놓았지만, 예수님은 우리를 하나님께로 가장 가깝고 친밀하게 이끌어 주셨다. 산 위에서 사람들을 가르치실 때 예수님은 하나님이 '우리 아버지'라고 거듭 말씀하셨다. 아버지가 그 자녀를 긍휼히 여기는 것처럼, 하늘 아버지는 우리를 돌보고 키우며 우리 기도를 들으신다. 또한 주님은 이렇게 기도하라고 우리에게 가르치셨다. "하늘에 계신 우리 아버지여…." 예수 그리스도의 모든 사역은 우리 아버지이신 하나님이 우리를 긍휼히 여기신다는 깊은 사랑의 표현이었다.

셋째는 우리에게 십자가를 통한 진리의 길을 보여 주신 것이다. 주님은 우리 인생들에게 하나님께로 가는 단 하나의 길을 보여 주셨다. 부활로 가는 길, 하나님과 하나 되는 길은 단 하나뿐이다. 바로 나를 버리고 비우는 길이다. 주님 안에서 사는 자는 바로 그분의 십자가 안에서 사는 자다. 주님을 믿는다는 것, 그분이 하신 일을 신뢰한다는 것은 그분의 십자가 능력을 신뢰하고 그 능력에 참예하는 것이다. 십자가는 '나'에 대하여 죽는 것이다. 예수님은 그 길을 친히 걸으셨다. 친히 십자가를 지심으로 본을 보여 주셨다.

십자가는 크게 두 가지 의미를 나타낸다. 먼저는 세상의 모든 연약과 허물과 죄를 처리하신 곳을 의미하며, 또한 우리의 옛 생명이 죽었다는 사실을 예표한다. 세상의 죄를 지고 가야 할 십자가는 하나님의 어린양만이 질 수 있는 것이나, 우리는 모두 그리스도의 십자가에 믿음으로 참여하여, 옛사람의 죽음을 경험하고 그리스도의 부활하신 새 생명 안에서 살게 된다. 그렇기에 주님은 "누구든지 나를 따라오려거든 자기를 부인하고 자기 십자가를 지고 나를 따를 것이니라"(마 16:24)고 말씀하셨다. 베드로는 우리에게 "그리스도도 너희를 위해 고난을 받으사 너희에게 본을 끼쳐 그 자취를 따라오게 하려 하셨느니라"(벧전 2:21)고 증거한다.

넷째로 예수님은 삶을 통해 하나님 사랑의 정수를 보여 주셨다.

나에게는 어릴 적부터 친한 친구가 한 명 있다. 그의 어머니와 우리 어머니는 믿음의 친구이셨고, 우리는 초등학생 시절부터 교회에서 함께 성장했다. 그 친구는 재능이 아주 많았고, 못 다루는 악기가 거의 없었으며, 태권도나 유도 등의 운동도 잘해서 검은 띠가 여러 개 있었다. 고등학생 무렵에는 이 친구를 중심으로 나를 포함한 다섯 친구가 모여 '비전'이라는 중창단을 조직하여 함께 활동하기도 했고, 나는 고등학교 3학년 때 그 친구의 집에서 함께 지내며 대학 입학시험을 준비하기도 했다. 하지만 서로 다른 대학에 가게 된 후로 오랫동안 만나지 못했는데, 언젠가 그 친구가 신앙에 회의를 느끼고 있다는 소식을 듣게 되었다. 그럼에도 그 친구의 어머니는 항상 그를 위해 기도하며, 그가 하나님의 사람이 되기를 기도하고 계셨다. 그리고 대학을 졸업할 때쯤 되어서 그는 결국 하나님께 다시 돌아왔다.

그 후 우리는 함께 예수전도단에서 주관하는 수양회에 참석하게 되었다. 그러던 어느 날 나는 그의 숙소 앞을 지나고 있었는데, 그가 기타를 치면서 내가 들어보지 못한 노래를 부르고 있었다. 그는 지나가던 나를 보고 들어오라며 부르더니, "형섭아, 이 노래 한번 들어 볼래?" 하고 말하는 것이었다. 친구는 자신이 방금 지은 노래를 내게 들려주었다. 그 곡의 가사는 이러했다.

> 탕자처럼 방황할 때도
> 애타게 기다리는
> 부드런 주님의 음성이
> 내 맘을 녹이시네
> 오, 주님 나 이제 갑니다
> 날 받아 주소서
> 이제는 주님을 위하여 이 몸을 바치리다

그러고 나서 친구가 말하기를, 처음 이 노래를 지었을 때는 후반부의 가사가 달랐다고 했다. 원래 가사는 "어머니, 나 이제 갑니다. 날 받아 주세요"였다고 한다. 하지만 "어머니" 하고 그 구절에 이를 때면 날마다 자신을 위해 기도하시는 어머니 생각에 목이 메고 눈물이 나 더는 부를 수 없었다고 했다. 그래서 가사를 "오, 주님 나 이제 갑니다"라고 고쳤다고 했다. 어머니의 사랑은 인간의 가장 고귀한 사랑의 표상이다. 그 사랑은 우리가 느끼고 직접 경험한 것이기에, 그토록 우리의 마음을 강하게 움직인다. 그때 나는 이런 생각이 들었다. 우리가 주님의 사랑을 진정으로 체험했다면, 우리를 위해 모든 아픔과 연약함을 지시고 십자가의 고난을 기꺼이 선택하신 그 사랑의 실체를 우리가 어머니의 사랑을 경험하는 것처럼 경험했다면, "오, 주님 나 이제 갑니다"라는 가사를 어찌 감동 없이 부를 수 있을 것인가.

성경은 말한다. "여인이 어찌 그 젖먹는 자식을 잊겠으며 자기 태에서 태어난 아들을 긍휼히 여기지 않겠느냐 그들은 혹시 잊을지라도 나는 너를 잊지 아니할 것이라"(사 49:15).

인생의 사랑이 다할 때에도 하나님의 긍휼과 자비, 사랑은 변함없이 타오른다. 하나님은 사랑이시요, 사랑은 하나님께 속한 것이며, 그 사랑의 절정은 친구를 위해 목숨을 버리는 것이라 했다. 하지만 하나님은 우리가 아직 죄인이었을 때 우리를 위하여 자기의 유일한 아들을 내주심으로 우리에 대한 그분의 사랑을 확증하셨다. 인생의 마음을 참으로 바꾸는 것은 이 진실한 사랑 이외에 그 무엇이 있겠는가! 주님은 우리가 하나님 사랑의 진수를 체험하게 하셨다.

내 안에 사시는 그리스도의 생명

마지막으로, 예수님은 우리에게 성령을 보내셔서 우리가 하나님 안에, 그리고 그리스도의 생명이 우리 안에 살게 하셨다.

예수님은 십자가의 길을 가시기 전에 제자들에게 자신이 장차 아버지께로 돌아가면 어떤 일을 하실지 말씀해 주셨다. "내가 아버지께로부터 너희에게 보낼 보혜사(돕는 자, 위로자, 상담자 등의 의미를 갖는 말이다)

곧 아버지께로부터 나오시는 진리의 성령이 오실 때에 그가 나를 증언하실 것이요"(요 15:26). 또한 "그날에는 내가 아버지 안에, 너희가 내 안에, 내가 너희 안에 있는 것을 너희가 알리라"(요 14:20)고도 하셨다. 그리스도인은 단순히 예수 그리스도를 믿는 사람인 것만이 아니다. 그리스도인은 그리스도의 생명으로 대체된 생명의 삶을 사는 사람이다.

너희는 나를 누구라고 하느냐는 예수님의 질문에 베드로가 "주는 그리스도시요 살아 계신 하나님의 아들"이라고 고백했을 때, 베드로는 아직 예수님이 걸으실 십자가의 길을 이해하지 못한 상태였고, 성령도 아직 그에게 오지 않으셨다. 당시는 예수님이 막 사역을 시작하고 제자들에게 자신을 알리기 시작했을 때였기 때문이다. 만약 예수님이 베드로의 노년에 찾아오셔서 "너는 나를 누구라고 하느냐?"라고 물으셨다면, 과연 베드로는 어떻게 대답했을까?

오늘 주님이 내게 오셔서 이렇게 질문하신다면, 나는 "주님은 제 안에 계신 하나님의 사랑이요, 빛이요, 생명이십니다"라고 대답하고 싶다. 그리고 해가 갈수록 내가 주님을 더 깊이, 더 친밀하게 고백할 수 있게 되기를 기도한다.

**애벌레 안에 있는
나비의 생명**

애벌레가 어떻게 고치 속에서 나비가 되는지에 대한 연구가 저명한 과학 잡지 〈사이언티픽 아메리칸〉에 실린 적이 있다. 애벌레는 고치를 지은 후 그 속에서 꿈틀거리며 점차 변화되어 나비가 되는 것이 아니다. 애벌레가 고치를 지으면 그 고치 안에서 효소(enzyme)가 분비되는데, 이 효소는 이전에 있던 애벌레의 몸을 녹여 버린다. 그리고 이 '죽은' 애벌레의 몸은 애벌레 안에 있던 '나비의 생명을 가진 세포'(imaginal disc)가 자라나는 데 필요한 양분이 된다.[8] 고치 속에서 애벌레의 몸이 나비의 몸으로 점점 변하는 것이 아니라, 애벌레의 생명이 나비의 생명으로 대체되는 것이다.

그리스도인의 삶도 마찬가지다. 우리는 우리의 종교적인 노력으로 성화되어 가는 것이 아니다. 예수 그리스도 안에 산다는 것은 우리의 옛 삶이 그리스도와 함께 이미 십자가에 못 박혔고, 이제는 그리스도의 새 생명이 우리 안에 나타나는 것을 의미한다. 왜냐하면 "이제는 내가 사는 것이 아니요 오직 내 안에 그리스도께서 사시는 것"(갈 2:20)이기 때문이다.

아주 오래전 내가 서울에 살고 있을 때, 지방 도시에 살던 사촌 동생이 올라와 몇 달 동안 우리 집에 머물렀던 적이 있다. 그런데 어느 날 동생이 보여 줄 것이 있으니 잠깐 밖으로 나가자고 했다. 그래서 그를 따라 나섰다. 그는 근처의 과일 가게에 들어가 이것저것 만져 보고 고르는 듯하더니, 이내 아무것도 사지 않고 그냥 나와 버렸다. 가게를 나와서 어느 정도 걸어왔을 때 나는 혹시 동생이 사고 싶은 과일이 있었는데 돈이 없어서 사지 못했나 하는 생각이 들어, 왜 그냥 나왔는지 물어 보았다. 그러자 그는 나를 돌아보면서 만족스럽고도 자랑스러운 미소를 지으며 말했다. "형, 이것 봐!" 그가 주머니에 손을 넣어 무언가를 꺼내기 시작했다. 이쪽 주머니에서, 저쪽 주머니에서, 그리고 그의 품 안에서 여러 가지 과일이 쏟아져 나왔다. 그는 나에게 자신의 물건 훔치는 실력을 보여 주려고 했던 것이다. 조금의 가책도 없이 자랑스럽게 말이다.

그런데 그가 어느 날 예수님을 믿게 되었고, 그의 생활이 변하기 시작했다. 그의 얼굴에는 항상 기쁨이 넘쳤다. 그가 기도를 할 때면 나는 진실됨을 느낄 수 있었다. 그런데 하루는 그가 내게 말했다. "형, 나 요즘 이상해."

"왜? 무슨 일이 있니?"

"형, 형도 내가 어떤 사람이었는지 잘 알잖아."

나는 과일 가게에서 과일을 훔치고 자랑하던 그의 모습을 떠올리며 대답했다. "알지. 그런데 왜?"

그가 대답했다. "형, 이상해. 나 이제 거짓말을 못하겠어."

그렇다. 누구든지 그리스도 안에 있으면 새로운 창조물이다(고후 5:17). 그리스도 안에 있으면 참된 변화를 겪게 된다. 왜냐하면 그리스도 안에 있는 하나님의 생명이 우리 안에 살아 계시기 때문이다. 내 안에 사시는 그리스도, 이는 신자의 가장 깊은 비밀이다. 그분은 우리의 생명이시다. "나의 사랑, 나의 생명, 나의 예수님!"이라는 가사로 시작하는 찬양이 있다. 나는 이 찬양이 참 좋다. 주님을 향한 그 얼마나 아름다운 고백인가?

생명은 자라고 피어나야 한다. 날마다 내게 주신 십자가의 길을 걸어감으로써 믿음으로 우리 옛사람의 죽음을 선언하고, 이제 예수 그리스도께서 내 안에 풍성하게 사시게 하자. 우리는 어제의 예수님을 기억하고 고백하기를 좋아한다. 우리는 삶 가운데 힘들고 어려운 시기를 지나갈 때면 주님과의 첫사랑을 기억하고 위로를 삼는다. 그러나 오늘, 내게 주님은 누구이신가? 내 삶을 주관하고 계시는 분인가? 아니면 아직도 나의 삶에 온전히 들어오지 못해 여전히 문을 두드리고 계시는 분인가? 오늘 나의 구체적인 삶 속에, 그분은 어떤 분이신가?

그리스도를 알아 가자

나는 김동수라는 분이 쓴 다음 시를 좋아한다. 이 시는 주님의 사랑에 붙잡힌 한 사람의 고백이다. 이 고백처럼 우리도 주님을 날마다 더욱더 알아 가자.

"너는 나를 누구라 하느냐?" 하고 물으시는 우리 주님께, 날마다 더 귀중한 고백을 올려 드리자.

한 번 돌아서면 두 번

두 번 돌아서면 세 번 불러

부르고 또 부르시는 당신은 진정 누구시오니까?

아침,

점심,

저녁,

식은 빵을 떼며 헤맨 골목길

헐떡이며 헐떡이며 달려온 이 길

종일토록 쫓아오며 돌을 던지는 자는 있어도

저문 날 돌아갈 따뜻한 집은 없나이다

그러나 이제는 인간의 진한 사랑보다

당신으로 인한 시름이 더 귀중한 줄을

눈물의 타래박을 통해 알게 하신 까닭에

이제는 한 번 돌아서시면 두 번

두 번 돌아서시면 세 번

나로 하여금 목놓아 부르게 하시는

당신은 진정 뉘시오니이까?[9]

세 번째 이르시되
요한의 아들 시몬아 네가 나를 사랑하느냐 하시니
주께서 세 번째 네가 나를 사랑하느냐 하시므로
베드로가 근심하여 이르되
주님 모든 것을 아시오매 내가 주님을 사랑하는 줄을
주님께서 아시나이다
예수께서 이르시되 내 양을 먹이라(요 21:17).

7. 일곱 번째 질문

"네가 나를 사랑하느냐?"

사랑, 하나님이 내게 원하시는 단 한 가지

로마 제국이 서방 세계를 통치하던 시절, 한 변방 국가의 시골 어촌에서 어느 형제가 나이 든 아버지를 모시고 살고 있었다. 그들은 어부로 자라났지만, 고기를 많이 잡아 풍족히 살아가는 것보다 더 큰 소망을 가지고 있었다. 당시 속국이 되어 버린 조국의 정치가들은 강대한 로마 제국의 앞잡이가 되어 백성을 압제하고 있었고, 참되신 하나님을 섬기고 백성을 인도해야 할 종교 지도자들은 자신들의 의로움을 내세우면서도 권력과 결탁하여 기득권을 챙기는 데 바빴다. 하나님이 고통받는 백성을 로마 제국에서 해방시키고, 하나님 나라를 회복할 참된 지도자를 보내 주시길 많은 사람이 기다리고 있었다. 사람들은 '기름부음을 받은 자', 곧 메시아가 곧 오리라고 믿고 있었다. 이 어부 형제도 그날이 가까이 오고 있다고 믿고 있었다.

그때 한 선지자가 나타났다. 그는 제사장의 아들로 태어났으나, 평생을 광야에서 살면서 자신을 하나님께 구별하여 드리던 사람이었다. 그는 이제 하나님 나라가 가까이 왔으므로 우리의 삶을 깨끗이 하고 새롭게 해야 한다고 외치기 시작했다. 그의 말은 많은 사람의 마음을 두드렸고, 수많은 사람이 그에게 나아와서 자신들의 잘못을 뉘우치고 새로운 삶을 시작했다. 사람들은 회개하고 새로운 삶을 산다는 의미로 이 선지자에게 나아가 요단 강에서 세례를 받았다. 그리고 그 어부 형제 중에 동생은 이 선지자의 제자가 되어 그를 따르기 시작했다.

많은 사람이 '혹시 이 선지자가 이 나라를 회복할 기름부음 받은 자는 아닐까?' 하고 생각했지만, 그는 확실하게 "나는 '기름부음을 받은 자'가 아니다. 그분이 이제 곧 나타나실 것이다"라고 말했다. 동생이 그 선지자를 따라다닌 지 얼마 되지 않아 한 사람이 그 선지자에게 세례를 받기 위해 찾아왔다. 그리고 그 선지자는 그를 보자마자 자신의 제자들에게 "바로 이 사람이 내가 말했던 그 기름부음을 받은 자다"라고 증거했다. 동생은 그 즉시 그렇게 기다려 왔던 '기름부음을 받은 자'를 따르기 시작했고, 이분이야말로 그동안 자기 형제를 비롯한 수많은 사람이 기다려 왔던 메시아인 것을 깨달았다.

동생은 곧바로 형을 찾아가서 말했다. "형, 우리가 기다리던 그 '기름부음을 받은 자'를 드디어 만났어! 형도 나랑 같이 가서 그분을 만나

보자. 그럼 알게 될 거야." 형은 동생에게 이끌려 그분을 찾아갔고, 그날 그분의 처소에서 함께 머물면서 정말 그분이 하나님이 보내신 '기름부음을 받은 자'인 것을 깨달았다. 베드로와 예수님의 만남은 이렇게 시작되었다.

다음 날 밤, 그 어부 형제 베드로와 안드레는 보통 때처럼 고기를 잡으러 나갔다. 그러나 그날 밤에는 웬일인지 아무것도 잡지 못했다. 그런데 아침이 되어 배를 육지에 대고 있는데, 어제 만났던 그 '기름부음을 받은 자'가 그들이 사는 어촌으로 찾아오신 것을 보았다. 수많은 사람이 그에게 모여들기 시작했다. 그분은 베드로에게 찾아와 그의 배를 잠시 빌릴 수 있느냐고 물었다. 그리고 물가에 그 배를 띄우고 앉아서 하나님 나라에 대해서 가르치기 시작했다. 베드로는 그분의 말씀을 주의 깊게 들었다. 매우 단순한 가르침이었지만 진정 경이로웠다. "바로 이분이다!" 그는 그분이야말로 하나님이 자기 민족에게 약속하신 바로 그 '메시아'인 것을 다시 한 번 확신했다.

그때 그분이 베드로에게 물었다. "네게 고기 잡은 것이 있느냐?" 베드로는 대답했다. "없습니다. 오늘은 아무것도 잡지 못했어요." 그분이 다시 말했다. "깊은 곳에 가서 그물을 내려라. 고기가 잡힐 것이다." 베드로는 그곳에서 고기 잡는 법을 그 누구보다도 잘 아는 어부였다. 하지만 그는 이 하나님의 사람의 말을 따르기로 결정했고, 다시 동료를 데리고 깊은 데로 나아가 그물을 내렸다. 그러자 엄청난 양의 고기가 그물에 걸렸다. 그물이 찢어질 정도였다. 그는 얼른 다른 배의 동료들에게 도움을 청하여 고기들을 배에 실었다. 고기가 너무 많아 고기를 가득 채운 배 두 대가 물에 잠길 지경이 되었다. 그때 예수님은 베드로에게 말했다. "내가 이제 너를 사람을 낚는 어부가 되게 하겠다. 나를 따라와라." 베드로는 즉시 그 배와 함께 모든 것을 버려두고 예수님을 따르기 시작했다.

**나의 최선과 열정으로
주님을 섬길 때**

그리고 그로부터 3년여의 기간 동안, 베드로는 인간이 살 수 있는 가장 놀라운 삶을 살았다. 그는 예수님의 공생애 기간에 그분의 가장 가까이서 동고동락하며 모든 사역을 함께했다. 그는 예수님의 깊고 오묘한 가르침들을 친히 들었고, 지금까지 누구도 보지도 듣지도 못한 기적들을 체험했으며, 이 세상에 존재했던 가장 놀랍고 성공적인 사역들을 그분과 함께 행했다. 물고기 두 마리와 보리떡 다섯 개로 5천 명을 먹이고도 열두 광주리 가득 남는 기적을 보았고, 소경이 눈을 뜨고, 귀머거리가 듣고, 앉은뱅이가 일어나고, 죽은 자가 살아나는 기적을 목격했다. 예수님이 70명의 제자를 보내어 곳곳에서 하나님 나라의 소식을 전파하게 하셨을 때, 그도 귀신을 쫓아내고 병자들을 고치며 그 사역에 앞장섰다. 그는 예수님이 놀랍게 변화되어 엘리야와 모세와 함께 이야기하시는 모습을 보았고, 하늘로부터 들리는 음성을 들었다. 그는 예수님처럼 물 위를 걸은 적도 있었다! 그는 정말 힘과 정열을 다 바쳐 예수님을 섬겼다. 예수님과 함께한 그들의 사역은 점점 커졌고 따르는 사람의 수는 점점 늘어났다. 예수님과 함께 예루살렘에 입성했을 때 엄청난 수의 사람이 환호하는 소리는 베드로에게 남아 있던 모든 의심을 쓸어버렸고, 그는 하나님이 자기 나라를 회복하실 때가 임박했음을 분명히 깨달았다. 그는 기대했다. '아! 예수님이 이제 곧 왕이 되시면, 나는 그분의 오른팔로써 그분과 함께 이 땅을 다스리게 될 것이다!'

그렇게 멋지게 예루살렘에 입성한 후, 예수님과 제자들은 유대인의 가장 큰 명절인 유월절을 맞았다. 그런데 웬일인지 예수님은 아무에게도 알리기 원치 않으시고 가장 가까운 제자들만 데리고 저녁 식사를 하기를 원하셨다. 아니, 지금이야말로 메시아를 기다려 왔던 많은 사람을 위해 큰 잔치를 베풀어야 하는 때가 아닌가? 베드로를 포함한 제자들은 이해할 수가 없었다. 그날 밤 예수님은 제자들의 발을 일일이 씻겨 주셨다. 그리고 이제는 아버지께로 돌아가야 한다고 말씀하셨다. 또 너희 중 하나가 나를 팔고, 너희도 다 나를 버릴 것이라는 청천벽력 같은 말씀까지 하셨다. 그렇게나 사랑하고 따르던 주님을 내가 버린다니! 베드로는 확신에 차서 말했다. "다른 사람은 혹 그럴지 몰라도, 저는 절대 그럴 리 없습니다."

밤이 되자 예수님은 근처의 동산으로 옮겨 가셨다. 제자들은 여느 때처럼 기도하시려는 것이려니 하고 생각했다. 예수님은 그날 따라 힘이 드셨는지 베드로와 제자들에게 함께 기도해 달라고 부탁하셨다. 하지만 밤이 깊어 오자 베드로는 졸음이 와서 도저히 기도에 집중할 수가 없었다. 그런데 날이 아직 어두울 때, 그들이 모여 있던 곳으로 무장한 군인들이 몰려왔다. 예수님을 체포하러 왔다는 것이었다. 무슨 일인지 저녁 식사 중간에 잠시 밖에 다녀오겠다던 가룟 유다도 군인들과 함께 있었다. 베드로는 검을 들고 그들을 막으려 했으나, 예수님은 베드로를 제지하셨다. 전혀 예상치 못한 상황이 전개되었다. 예수님은 군인들에게 순순히 끌려가셨다. 갑자기 베드로와 제자들에게 공포가 엄습했고, 그들은 황급히 그 자리를 피해 모두 도망하여 흩어졌다.

하지만 도망하던 베드로는 주님이 어떻게 되셨는지가 궁금했다. 그래서 잡혀가시는 예수님을 멀찍이서 뒤따르기로 했다. 예수님이 대제사장에게 끌려가시자, 베드로는 제사장을 잘 아는 다른 제자의 인도로 대제사장의 집에 들어갔다. 그런데 베드로가 들어갈 때, 문가에 있던 하녀 하나가 베드로에게 물었다. "당신도 예수라는 사람의 제자이지요?" 베드로는 그렇지 않다고 부인했다. 다른 제자와 함께 안뜰까지 들어가자 안쪽에서는 예수님에 대한 심문이 진행되고 있었고, 뜰에서는 사람들이 모여서 불을 쬐고 있었다. 베드로도 뜰에 서서 불을 쬐고 있는데 다른 여종이 와서 다시 그에게 물었다. "당신도 그 사람의 제자 중 하나가 아닌가요?" 베드로는 다시 한 번 예수님이 자신의 선생님이라는 사실을 부인했다. 그러나 예수님을 체포할 때에 함께 있던 대제사장의 종 하나가 베드로를 보며 이렇게 말했다. "당신이 동산에서 그 사람과 함께 있는 것을 내가 분명히 보았는데 그러시오?" 그러자 베드로는 저주

7. 일곱 번째 질문: "네가 나를 사랑하느냐?"

하고 맹세를 하면서까지 예수님을 모른다고 부인했다. 바로 그때 새벽 닭이 울었다. 베드로는 "네가 닭이 울기 전에 세 번 나를 부인할 것이다"라고 했던 예수님의 말씀이 기억났다. 예수님은 결국 종교 지도자들에 의해 빌라도에게 끌려가셨다. 베드로는 선생님을 부인한 것이 마음이 아파, 밖에 나가서 울고 또 울었다.

예수님은 결국 반역죄로 십자가에서 벌거벗기어 공개 처형을 당하고 돌아가셨다. 하나님이 예수님을 보호해 주시려니 생각했던, 실낱같은 희망마저도 이제는 끊어져 버렸다. 예수님을 따르던 많은 사람은 전혀 예기치 못했던 사건에 큰 충격을 받고, 어찌할 바를 모르고 이리저리 흩어졌다. 예수님을 가까이 따르던 제자들과 몇몇 사람은 반역죄를 지은 범죄자를 따랐던 사람들로 처벌받을 것이 두려워 숨었고, 베드로도 다른 제자들과 함께 숨어서 지냈다.

예수님이 돌아가시고 장사를 지낸 지 사흘째 되던 날, 무덤을 찾아갔던 마리아와 여인들이 예수님의 무덤이 비어 있었고 놀랍게도 자기들이 부활하신 예수님을 만났다고 말했지만, 제자들은 그 말을 믿을 수가 없었다. 그들은 모두 큰 슬픔과 낙망에 잠겨 있었다. 그런데 제자들이 두려워하며 그렇게 문을 닫고 숨어 있을 때, 부활하신 주님이 그들에게 찾아오셨다. 예수님은 반신반의하는 제자들에게 못 자국 난 손과 발을 보이시며, 자신이 다시 살아난 것을 확인시켜 주셨다. 그리고 제자들에게 갈릴리에서 다시 만나자고 말씀하신 후 떠나셨다.

베드로와 다른 제자들은 죄 없는 예수님을 처형한 권력자들이 횡포를 부리는 예루살렘을 뒤로하고 그들의 고향인 갈릴리로 돌아왔다. 며칠 전 예루살렘으로 들어갈 때만 해도 희망으로 부풀었던 그들의 마음 속에는 이제 혼란만이 가득했다. 3년 동안 마음을 다해 사랑하고 따랐던 주님이 살아나셔서 기쁘기는 했지만, 그들에게는 이해할 수 없는 것이 너무 많았다. 주님은 왜 그 큰 능력을 갖추고도 자신을 죽이려는 자들에게 대항하지 않으셨던 것일까? 주님은 왜 다시 살아나셨으면서도, 자신을 죽인 권력자들에게는 나타나지 않으시는 것일까? 하나님 나라를 회복하겠다고 함께 키워 왔던 그 꿈은 이제 어떻게 되는 것인가? 왜 주님은 우리에게 갈릴리에서 만나자고 하신 것일까? 이제 다시 무엇을 할 수 있단 말인가?

**우리의 그물이
찢어질 때**

함께 예루살렘으로 떠났던 제자 중 한 사람인 가룟 유다는 제자들과 함께 갈릴리로 돌아오지 못했다. 그는 제사장들에게서 돈을 받고 그들이 예수님을 잡을 수 있도록 정보를 제공했고, 예수님이 십자가에서 돌아가신 후 마음에 찔림을 받아 스스로 나무에 목을 매달아 죽었다. 다른 제자들 역시 주님이 어려움에 부닺치셨던 마지막 순간에 주님을 버리고 도망했다는 부끄러움에서 벗어날 수 없었다.

　그들은 주님을 따르기 위해 자신의 직업과 가족을 포함한 모든 것을 다 버린 상태였기에, 갈릴리에 돌아온 후 자신들의 앞날에 무엇이 기다리고 있는지도, 앞으로 어떻게 살아야 하는지도 알지 못했다. 어느 날 베드로가 말했다. "난 고기 잡으러 가련다." 그 말에 그곳에 있던 다른 제자들도 베드로와 함께 가겠다고 따라나섰다.

베드로와 제자들은 작은 배를 하나 구해서 밤에 갈릴리 호수로 나갔다. 그들은 어부 생활을 하던 기억을 더듬어, 그 계절 즈음 고기가 잘 잡히던 곳에 그물을 내렸다. 그러나 그날 따라 고기가 전혀 잡히지 않았다. 그들은 밤새도록 노력했지만 헛수고였다. 새벽이 다가오자, 그들은 그만 돌아가려고 배를 다시 해안 쪽으로 돌렸다. 제자들의 마음엔 실망만이 가득했다. 그것은 고기를 못 잡은 것에 대한 실망뿐만이 아니었다. 그들의 마음속에는 여러 해에 걸친 사역이 결국 이렇게 끝나 버린 것을 포함한, 다른 모든 실망이 겹쳐 있었다.

그때였다. 안개 낀 해안 쪽에서 그들을 향해 외치는 소리가 들렸다. "여보시오, 거기 고기를 좀 잡았소?" 그들이 대답했다. "아니오, 아무것도 못 잡았소." 다시 소리가 들렸다. "그럼, 그물을 배 오른편에 던지시오." 이상하게도 그 목소리에서 어떤 확신이 느껴졌고 신뢰가 갔다. 그들은 그 목소리에 이끌려서 그물을 배 오른편에 던졌다. 그랬더니 놀랍게도 엄청나게 많은 고기가 그물에 걸려들었다.

그때 그 제자 중 한 명이 갑자기 그들이 예수님을 처음 만났을 때의 일을 기억했다. '아, 그래! 옛날 우리가 처음 예수님을 만났을 때, 그때도 이런 일이 있었지. 그때도 지금처럼 밤을 새워 고기를 잡으려고 했지만, 아무것도 잡지 못하고 있다가 예수님의 말씀에 순종했을 때 그물을 들어 올릴 수 없을 정도로 많은 고기를 잡았었지. 아, 그럼 지금 해안에서 말씀하시는 분은 바로 주님이 아닌가!' 그는 동료들에게 외쳤다. "주님이시다!" 그제야 배에 탔던 다른 제자들도 주님이 해안에 와 계신 것을 깨달았다.

베드로는 주님이 와 계신 것을 알자, 가슴이 두근거려 배가 해안에 이를 때까지 기다릴 수 없었다. 그는 곧바로 겉옷을 두르고 물속으로 뛰어들었다. 그는 허둥지둥 헤엄치고 뛰어서 예수님 앞으로 나아갔다. 아마 그의 옷에서는 물이 뚝뚝 떨어졌을 것이고, 그의 눈에서는 사랑하는 주님을 다시 만났다는 감회의 눈물이 글썽였을 것이다. 그곳에서 주님은 제자들을 위해 빵을 준비하고, 숯불을 피워 놓고 고기를 굽고 계셨다. 그 숯불 앞에 선 베드로는 아무 말이 없었다. 얼마 지나지 않아 다른 제자들이 고기로 가득한 그물을 끌면서 해안으로 나아왔다. 주님은 그들에게 "와서 아침을 먹으라"고 하셨다. 예전에 갈릴리 해변에서 5천 명을 먹이실 때 떡을 떼시며 고기를 나누어 주셨던 것처럼, 주님은 직접 그들에게 빵과 생선을 집어 주셨다.

아침을 먹은 후 그 숯불 앞에서 예수님은 시몬 베드로에게 물으셨다. "요한의 아들 시몬아, 네가 이 사람들보다 나를 더 사랑하느냐?"

베드로가 대답했다. "주님, 그렇습니다. 제가 주님을 사랑하는 줄을 주님께서 아십니다."

예수님이 그에게 말씀하셨다. "내 어린 양 떼를 먹여라."

예수님이 두 번째로 그에게 물으셨다. "요한의 아들 시몬아, 네가 나를 사랑하느냐?"

이에 베드로가 대답했다. "주님, 그렇습니다. 제가 주님을 사랑하는 줄을 주님께서 아십니다."

예수님이 그에게 말씀하셨다. "내 양 떼를 쳐라."

예수님이 세 번째로 물으셨다. "요한의 아들 시몬아, 네가 나를 사랑하느냐?"

그때에 베드로는 예수님이 세 번이나 물으시므로 불안했지만, 자신의 마음 그대로 고백했다. "주님, 주님께서는 모든 것을 알지 않으십니까? 제가 주님을 사랑하는 줄을 주께서 아십니다."

예수님이 그에게 말씀하셨다. "내 양 떼를 먹여라."

주님은 베드로에게 "대체 왜 나를 버리지 않겠다고 한 약속을 지키지 않은 것이냐?" 하고 묻지 않으셨다. "너는 이제 무엇을 원하느냐?", "앞으로 하고 싶은 일이 있느냐?", "무엇을 할 계획이냐?"라고도 묻지 않으셨다. 다만 한 가지 질문만을 하셨다. "네가 나를 사랑하느냐?" 그리고 재차 같은 질문을 하셨다.

베드로의 마음은 흔들리고 있었다. 지난 3년 동안 젊음과 열정을 쏟아 하나님 나라를 위한 사역에 몸 바쳤던 것에 대한 회의가 왔다. 도대체 하나님의 길이란 무엇인가? 또 그동안 주님을 끝까지 따르리라고 생각해 온 자기 자신에 대한 깊은 회의가 찾아왔다. 나를 그토록 특별히 대해 주고 사랑해 주신 주님을 부인한 나, 그것도 세 번씩이나 저주까지 하면서 부인한 나…. 이런 내가 할 수 있는 것이 대체 무엇이란 말인가? 그동안 주님과 함께해 보지 못한 것이 무엇이 있는가? 그 놀라운 기적들, 모임마다 몰려든 수많은 영혼, 마음의 눈을 열어 준 그 놀라운 계시들, 영혼의 가장 깊은 곳을 울리던 아름다운 가르침들, 사람들의 눈에 고였던 진정한 회개의 눈물들, 병자들의 모든 아픔을 없애 주었던 놀라운 치유들, 수많은 사람의 삶에 일어났던 변화들 등 우리가 경험한 것보다 더 크고 위대한 사역을 할 수 있는 사람이 이 세상에 또 어디 있겠는가?

그러나 결국 어떻게 되었는가? 이제 그 많던 사람은 다 흩어졌고, 우리 가운데는 크나큰 회의와 좌절, 실패의 아픔만이 남았다. 다행히 주님은 다시 살아나셨다. 하지만 예수님을 잡아 처형했던 권력자들은 아직도 우리를 쫓고 있다. 예수님이 살아 계신 것을 알면, 우리가 다시 사역을 시작하는 것을 알면, 그들은 더욱더 우리를 잡으려 할 것이다. 이제 우리가 무엇을 더 할 수 있단 말인가?

그러나 주님은 말없이 그분 앞에 서서 눈물을 글썽이는 베드로의 눈에서 그분이 찾으시던 가장 귀한 것을 발견하셨다. 그는 아직도 예수님을 사랑하고 있었다. 주님께는 그것으로 충분했다. 이제 베드로는 하나님 나라에 대한 정열과 사역에 대한 의기로 불타는 젊은이가 아니었다. 그는 주님 앞에서 아무 할 말이 없는 실패자로 서 있었다. 그의 마음 가운데에는 자신을 그토록 사랑하신 주님을 거듭 배반했다는 씻을 수 없는 아픔이 있었다.

7. 일곱 번째 질문: "네가 나를 사랑하느냐?"

이때 주님이 베드로에게 하신 질문은 주님의 치유의 손길이었다. 베드로가 "내가 주님을 사랑하는 줄을 주님께서 아십니다"라고 고백할 때마다 그의 마음속 회의와 아픔이 다루어지고 있었다. '그래, 난 주님을 부인했지만, 그래도 난 아직 주님을 사랑하고 있다.' 주님은 숯불 앞에서 예수님을 부인했던 베드로의 앞에 다시 숯불을 피워 놓으시고, 그를 다시 사랑으로 만나기를 원하셨다. 베드로가 주님을 사랑한다고 고백할 때마다, 그 고백은 자기 자신에 대한 베드로의 회의와 아픔을 더욱 깊이 다루어 주었다. 우리 하나님은 치유하시는 분이다. 베드로는 거기서 가장 귀한 것을 다시 발견했다.

주님은 제자들을 '사람을 낚는 어부'로 부르셨다. 그리고 부르심을 받은 우리는 예수님의 말씀을 따라 그물을 던진다. 그런데 때로 우리의 그물이 찢어질 때가 있다. 베드로가 처음 주님을 만나고 부르심을 받았던 그날, 고기를 가득 잡은 그물이 찢어지던 것처럼 말이다. 그때의 일을 누가는 이렇게 기록한다.

말씀을 마치시고 시몬에게 이르시되 깊은 데로 가서 그물을 내려 고기를 잡으라…그렇게 하니 고기를 잡은 것이 심히 많아 그물이 찢어지는지라 이에 다른 배에 있는 동무들에게 손짓하여 와서 도와 달라 하니 그들이 와서 두 배에 채우매 잠기게 되었더라 눅 5:4-7

우리는 헌신과 순종으로 열심히 일하여 수많은 사람을 교회로, 하나님의 품으로 인도한다. 우리의 사역을 통해 하나님이 하시는 놀라운 일들을 자주 경험하고, 주님의 축복으로 사역이 번창하여 많은 고기를 잡기도 한다.

그러나 결국 그 모든 수고의 결과가 우리 그물이 찢어지고 배가 가라앉는 것이라면 무슨 의미가 있겠는가? 그물이 찢어지면 가득히 잡은 고기들 중 상처 난 것은 흩어지고, 죽은 것은 물에 둥둥 떠다니며 환경만 오염시키지 않겠는가? 그렇게 된다면 차라리 고기를 잡지 않는 것보다 못하다. 결국 우리의 배가 가라앉는다면 고기를 많이 잡은 것이 무슨 소용이 있는가? 고기도 잃고 배도 잃고 우리의 생명까지 위험해지지 않겠는가?

오늘 얼마나 많은 사역이 소위 '성공'을 맛본 후 그물이 찢어지는 아픔, 심지어는 배가 가라앉는 아픔을 겪고 있는가? 그물은 하나 된 그리스도의 몸을 의미한다. 가로세로로 튼튼히 엮인 그물처럼, 우리도 하나로 엮일 때 고기를 많이 잡을 수 있는 하나님의 도구가 된다. 주님은 잡히기 전에 이렇게 기도하셨다.

> 아버지여, 아버지께서 내 안에, 내가 아버지 안에 있는 것 같이 그들도 다 하나가 되어 우리 안에 있게 하사 세상으로 아버지께서 나를 보내신 것을 믿게 하옵소서 요 17:21

하지만 얼마나 많은 교회가, 하나님의 사역이, 잠깐의 성공 후에 큰 아픔을 겪고 시험에 빠져 분열되는가? 얼마나 많은 그리스도인 지도자가 도덕적 실패에 빠지고, 그들을 따르던 이들은 아픔과 실망과 시험 속에 떠나가는가?

**두 번째
부르심**

첫 번째 부르심을 받은 후 베드로는 하나님의 길을 배우고 놀라운 사역을 행했지만, 한 가지 깨닫지 못하던 것이 있었다. 베드로는 예수님이 고난의 길을 말씀하실 때, 그리고 십자가의 길을 선택하실 때, 그분이 왜 그 길을 선택하신 것인지 이해하지 못했다. 베드로는 예수님이 직접 십자가의 길을 가시는 것을 보기 전까지 예수님이 자신의 죽음에 대해 하신 말씀들을 이해하지 못했다. 그는 자기 자신에게 철저히 절망하기 전까지, 진정한 하나님의 사역은 '우리가 원하는 사역을 우리의 재능과 우리의 최선의 헌신으로 하는 것'이 아니라 '주님을 사랑하기에 주님이 걸으신 십자가의 길을 우리도 따라가는 것'임을 깨닫지 못했다. 오, 형제여! 혹시 찢어진 그물 앞에서 어찌할 바를 모르고 낙망하고 있지는 않은가? 그런 당신을 찾아와 **"네가 나를 사랑하느냐?"** 하고 물으시는 주님의 음성을 듣고 있는가?

요한복음은 예수님이 갈릴리 바다에서 베드로를 두 번째로 부르셨을 때 일어난 사건을 이렇게 기록한다.

> 시몬 베드로가 올라가서 그물을 육지에 끌어 올리니 가득히 찬 큰 물고기가 백쉰세 마리라 이같이 많으나 그물이 찢어지지 아니하였더라
> 요 21:11

제자들이 부활하신 예수님의 말씀에 순종하자 고기가 그물 가득히 잡혀서 힘들게 그물을 끌어 올려야 했는데, 모두 다 큰 고기들이었고 세어 보니 153마리나 되었다. 이 사건은 여러 가지로 해석할 수 있겠으나, 내 생각은 이렇다. 큰 고기라는 것은 때가 차서 온전히 장성한 상태를 의미한다. 그리고 153이라는 숫자는 성경에 나오는 세 가지 숫자 100과 50과 3을 더한 숫자가 아닐까 싶다.

첫 숫자 100은 주님의 양무리의 전체 숫자를 의미한다. 예수님이 이런 비유를 사용하신 적이 있다. "너희 중에 어떤 사람이 양 백 마리가 있는데 그중의 하나를 잃으면 아흔아홉 마리를 들에 두고 그 잃은 것을 찾아내기까지 찾아다니지 아니하겠느냐"(눅 15:4). 그러므로 100은 한 마리도 모자람이 없이 다 채워진 100마리의 양, 즉 하나님이 구원하고 싶은 모든 사람을 예표하는 숫자다.

그리고 성경에서 50이라는 숫자가 처음 나오는 곳은 창세기에서 노아의 방주에 대한 기록이다. 하나님께서 노아에게 지으라고 명하신 방주의 넓이는 50규빗이었다. 방주는 모든 피조물을 구원하기 위한 것이었고, 그 방주의 넓이는 하나님 사랑의 넓이를 나타내는 것이었다. 따라서 숫자 50은 하나님이 사랑으로 그분의 품 안에 다 품고 싶어 하시는

모든 사람을 의미한다.

마지막으로 3이라는 숫자는 성경에서 하나님께 드려진 것을 의미할 때 많이 쓰인 숫자다. 아브라함이 아들 이삭을 제사로 드릴 때 사흘 길을 걸어갔다. 하나님께 제사를 드리는 제단은 삼층 구조로 되어 있다. 예수님은 자신을 하나님께 드리실 때 사흘 낮 사흘 밤을 땅속에 있겠다고 말씀하셨다. 이스라엘 백성이 언약의 땅에 들어가기 전에 할례를 받고 다시 하나님의 백성으로 구별되었을 때에도 사흘을 누워 있어야 했다. 즉, 3이라는 숫자는 하나님께 속한 것, 하나님께 드려진 것을 의미하는 숫자다.

그러므로 이 153이라는 숫자는 하나님이 구원하기 원하시는 모든 영혼을 사랑으로 온전히 구원하여 하나님께 드리는 것을 의미하는 것이 아닐까? 만약 그렇다면 이 얼마나 아름다운 예표인가? 예수님이 베드로를 두 번째 부르셨을 때는 베드로에게 젊음의 헌신도 뜨거운 열정도 없었다. 그에게 남은 것은 사역에 대한 실망과 자신에 대한 실망뿐이었다. 그러나 주님은 다른 모든 것보다 예수님을 사랑하게 된 그를 다시 부르셨다. 처음 그를 부르셨던 바로 그 호숫가에서 말이다. 주님은 그에게 말씀하셨다.

내가 진실로 진실로 네게 이르노니 네가 젊어서는 스스로 띠 띠고 원하는 곳으로 다녔거니와 늙어서는 네 팔을 벌리리니 남이 네게 띠 띠우고 원하지 아니하는 곳으로 데려가리라 이 말씀을 하심은 베드로가 어떠한 죽음으로 하나님께 영광을 돌릴 것을 가리키심이러라 이 말씀을 하시고 베드로에게 이르시되 나를 따르라 하시니 요 21:18-19

그날 이후 베드로의 삶과 사역은 완전히 달라졌다. 전해 내려오는 이야기에 따르면, 그는 그리스도의 몸 된 교회를 섬기다가 그리스도인들을 박해했던 로마 황제 네로 치하에서 십자가에 못 박혀 죽었다. 그런데 그는 십자가에 거꾸로 매달려 삶을 마쳤다고 한다. 자신은 예수님처럼 못 박힐 수 있는 자격이 없으니 거꾸로 못 박히게 해 달라고 청했기 때문이다.

두 번째 부르심 이후에 베드로는 예수님이 걸으신 길을 걷게 되었다. 그 길은 사랑에 붙잡힌바 된 주님을 따르는 길, 십자가의 길이었다. 그 길은 "내 양을 치라", "내 양을 먹이라"고 말씀하신 주님의 부르심을 좇는 길이었다.

내 양을
먹이라

누가 주님의 양을 먹일 수 있는가? 누가 그리스도의 몸을 섬길 수 있는가? 그리스도를 사랑하는 사람, 다른 무엇보다도 주님을 사랑하는 사람, 주님께 치유와 회복을 경험한 사람이다. 그렇기에 주님을 위해 하나뿐인 자신의 옥합을 기꺼이 깨뜨릴 수 있는 사람, 사랑의 수고로 나를

7. 일곱 번째 질문: "네가 나를 사랑하느냐?"

부인하는 길을 걸으며, 사랑하는 주님의 몸을 위해 나의 삶 전부를 드릴 수 있는 그런 사람이 아닌가?

늙고 소망이 끊어진 모세를 불붙은 떨기나무 사이에서 부르신 하나님이 숯불 앞에서 다시 베드로를 부르고 계셨다. 그곳은 바로 하나님의 변함없는 신실하신 사랑이 타고 있는 곳이었다. 이러한 하나님의 사랑이 우리 안의 첫사랑을 회복시키고, 이제는 하나님의 사랑에 붙잡힌바 되어 살게 한다.

그리스도인의 완전한 삶에 관한 책을 쓴 존 웨슬리는, 우리는 누구나 살아 있는 동안 언제나 실패하고 죄에 빠질 수 있다고 말했다. 옳은 말이다. 이스라엘 백성이 여리고 성에서 대승리를 거둔 후에 작은 아이 성과의 전투에서 패했듯이, 하나님이 인정하신 아름다운 삶을 살았던 다윗이 가장 깊은 죄의 낭떠러지로 떨어졌듯이 말이다. 엘리야가 갈멜산에서 하나님을 위한 큰 승리를 거둔 직후에 심히 낙망하여 로뎀나무 아래서 죽기를 청했던 것처럼, 노아가 방주를 짓고 가족과 동물들을 구해 내는 사역을 성공적으로 마친 후에 술 취해 벗은 몸으로 부끄러움을 입었던 것처럼, 우리도 주님을 섬기는 길에서 그들처럼 실패하고 좌절할 수 있다.

하지만 우리의 모든 연약함과 실패 가운데서 하나님이 "네가 나를 사랑하느냐?"라고 물으시는 그 질문을 들을 수 있다면 우리는 행복하다. 왜냐하면 사랑은 모든 허물을 가려 주고 모든 것을 새롭게 하는 원천이기 때문이다.

그렇다. 주님이 우리를 부르신 첫 번째 부르심은 놀랍고 아름다운 것이었다. 그 부르심 안에서 우리는 열심과 정열과 사랑을 드렸다. 그것들은 하나님이 받으신 귀한 것들이었다. 하지만 이제 주님은 우리를 더 깊은 곳으로 초대하신다. 그 영원하고 신실한 사랑의 실체를 우리도 함께 체험하기를 원하신다. 당신은 지금 우리를 두 번째로 부르시는 주님의 목소리를 듣고 있는가?

주님이 두 번째로 우리를 부르실 때, 그때부터는 지금까지 걸었던 길과는 전혀 다른 길을 걸어야 할지도 모른다. 그리고 그 길은 다른 사람이 갈 수 있는 길이 아니다. 그 길은 나에게 주어진, 나의 십자가의 길이다. 또한 그 길은 내가 원하지 않던 길일 수도 있다. 하지만 우리가 주님을 사랑한다고 고백할 수 있다면, 우리는 기꺼이 그 길을 갈 것이다. 제자의 최종적인 부르심은 십자가로의 부르심이기 때문이다. 우리가 우리에게 주신 십자가의 길을 걸을 때, 우리는 인생을 향한 하나님의 참된 사랑, 그리고 가장 깊은 사랑을 경험하게 될 것이다. 우리를 향한 주님의 두 번째 부르심은 하나님의 가장 깊은 사랑으로의 초대이기 때문이다.

당신의 마음에 그리스도의 몸에 대한 아픔이 있는가? 비록 많은 고기를 잡았지만 그물이 찢어지고 배가 가라앉아 버려 당신의 마음을 아프게 하는가? 당신 삶의 실패가 아픔으로 다가오는가? 지도자들의 분열과 도덕적 실패가 그리스도의 몸을 아프게 하고 있지는 않은가? 베드로처럼, 처음 주님을 만났던 곳에서 이제는 무엇을 해야 할지 몰라 혼

란스러워하고 있지는 않은가?

형제여, 우리도 베드로처럼 주님이 우리를 위해 피워 놓으신 숯불 앞에 서자. 그리고 그 따뜻한 불 가운데서 말씀하시는, 따뜻한 주님의 음성을 듣자.

"네가 나를 사랑하느냐?"

나오는 글

지금까지 성경에 나오는 수많은 귀중한 질문 중에서 일곱 가지의 질문을 뽑아, 그 질문에 담긴 하나님의 마음과 예수 그리스도의 마음을 묵상해 보았다. 이는 우리의 삶을 회복하고 재정비하게 해주는 질문들이며, 우리가 더 크고 깊은 진리 가운데로 들어오기를 원하시는 하나님의 초대다.

성경에는 이 책에서 다루지 않은 다른 중요한 질문들이 더 많다. 시간이 허락한다면 이 책에서 다루지 못한 다른 질문들도 묵상해 보고 싶다. 열두 해 동안 하혈하며 혈루병을 고치지 못하던 여인이 예수의 뒤로 가서 믿음으로 그 옷에 손을 대어 고침을 받았을 때 주님이 "누가 내 옷에 손을 대었느냐?"(막 5:30)라고 물으신 것이나, 갈릴리의 해변에서 가르치실 때 수많은 사람이 몰려와서 사흘 동안 먹지 못하자 예수님이 제자들에게 "우리가 어떻게 이 사람들을 먹이겠느냐?"(요 6:5)라고 물으신 것, 또 주님의 무덤을 찾아온 마리아에게 주님이 "너는 누구를 찾느냐?"(요 20:15)라고 물으신 것 등이 그렇다.

깊이 묵상하고 우리 삶에 적용해야 할 질문들이 얼마나 많은가? 이 책에서 다루지 못한 다른 질문들을 묵상하고 그 삶으로 응답하는 이들에게 주님이 친히 많은 계시와 축복을 주시리라 믿는다.

성경에 기록된 질문들은 우리보다 앞서 살아간 이들에게 하나님이 던지신 질문들일 뿐 아니라 오늘을 사는 우리의 삶에도 적용해야 할 말씀들이다. 어제도 오늘도 영원토록 동일하신 하나님은 성경에 기록된 시대에 말씀하셨던 것과 동일하게 오늘도 우리에게 말씀하신다. 우리는 우리 각자에게, 또는 오늘을 살아가는 그리스도의 공동체에게 직접 도전하고 물으시는 하나님의 질문들을 듣고 응답해야 한다. 우리를 앞서 간 사람들이 자신에게 물으신 하나님의 질문에 응답해야 했던 것처럼, 우리도 우리에게 물으시는 하나님의 질문에 우리의 삶을 통해 올바르게 응답할 책임이 있다.

나는 오래전에 하나님이 내게 물으셨던 두 가지의 질문을 여러분과 함께 나누며 이 책을 마치려 한다.

이 글을 쓰는 지금으로부터 25년 전, 나는 국제 YWAM(예수전도단)에서 주관하는 DTS(Discipleship Training School, 제자 훈련 학교)에서 아내, 그리고 당시 네 살과 다섯 살이었던 두 아들과 함께 훈련을 받고 있었다. 그런데 몇 달 동안 은혜로운 강의를 듣는 내내, 하나님은 내 마음에 한 가지 질문만을 계속하여 던지셨다. "너는 내가 내 아들 예수 그리스도를 사랑한 것 같이 너를 사랑하는 것을 믿느냐?"

처음에는 그 질문에 대답할 수 없었다. 하나님이 사랑이시라는 것을 고백할 수 있었고, 그 하나님이 나를 사랑하시는 것도 고백할 수 있었다. 하지만 하나님이 그 독생자 예수 그리스도를 사랑하신 것처럼 나를 사랑하신다는 사실은 믿기가 어려웠다. 물론 머리로는 이해가 되었다. 그만큼 나를 사랑하지 않으셨다면 날 위해 그 아들을 죽게까지 하실 이유가 없다고 생각했기 때문이다. 하지만 그 내용이 내 마음에 깊이 와닿지는 않았다. 그러나 하나님의 사랑에 대한 강의와 내적치유가 한 주 한 주 진행되는 동안, 우리를 향한 하나님의 사랑이 얼마나 큰지, 하나님이 우리를 얼마나 귀하게 창조하셨는지 더욱더 느끼게 되었고, 하나님의 사랑을 그대로 받아들이지 못하게 했던 내 마음속의 열등감과 아픔이 점점 씻어졌다. 마침내 몇 달 후 강의가 끝나는 날에는 주님께 겨우 이렇게 고백할 수 있었다. "그렇습니다, 주님. 나는 주님의 사랑하는 아들입니다. 하나님께서 그 아들 예수 그리스도를 사랑하셨던 것과 같이 나를 사랑하시는 것을 믿습니다." 이 고백은 나의 삶에서 얼마나 큰 혁명이었는가?

그리고 우리는 두 달 동안 남아시아의 몇몇 나라로 전도여행을 떠났다. 하루는 우리 팀이 전도를 하기 위해 수많은 사람이 다니는 매우 번잡한 길을 가게 되었다. 많은 사람이 그 길에서 태어나고 그 길 위에서 죽어가는 그런 곳이었다. 그 나라 정부도 이런 가난한 사람들을 돌아보지 않았고, 그 누구도 그들을 귀히 여기지 않았다. 나 역시 그 사람들 사이를 무심히 지나가고 있었다. 그때 갑자기 하나님의 음성이 내 마음을 두드렸다. "내 아들아, 나는 네가 지금 무심히 스쳐 지나고 있는 이 사람을, 너를 사랑하는 것만큼 사랑하는 것을 믿느냐?"

사람들에게 하나님의 사랑을 전하러 온 내가 그 길거리의 사람들에 대해 아무런 가치도 느끼지 못하고 그들을 무심히 지나치고 있을 때, 하나님은 나에게 이렇게 충격적인 질문을 던지셨다. 나는 아무런 대답도 할 수 없었다. 전도여행 내내 나는 그 질문에 대답하지 못했다. 이론적으로는 매우 당연한 사실이었다. 하나님의 사랑에는 차별이 없지 아니한가? 그러니 나를 위해 돌아가신 주님이 이 사람들을 위해서도 돌아가지 않으셨겠는가? 만약 내가 첫 번째 질문에 대답할 수 있었다면, 두 번째 질문에 대답하는 것은 매우 당연한 것이 아닌가? 나는 머리로는 당연히 '그렇습니다'라고 고백했지만, 전도여행을 다 끝내고 돌아왔을 때에도 나는 마음 깊이 이 질문에 대답하지 못했다.

그렇게 집에 돌아온 후의 어느 날, 전도여행 때 찍은 사진들을 정리하면서 당시의 일들을 회고하던 중이었다. 사진들을 한 장 한 장 정리하고 있는데, 한 사진이 특별히 눈에 들어왔다. 어느 나라의 빈민가에서 약 30명 정도의 어린이와 함께 찍은 사진이었다. 그곳에 사는 사람들은 모두 가난했고 그중 많은 아이가 병들어 있었으나, 그들은 모두 행복했고, 아이들의 얼굴에는 웃음이 가득했다. 자기들을 찾아온 외국인과 함께 사진을 찍어서였을까? 사진 중앙에는 내가 앉아 있었고, 그곳의 아이들은 나를 둘러싸고 있었다. 나는 그곳의 순수했던 아이들이 생각나서 미소를 머금은 채 사진을 자세히 들여다보았다. 그런데 문득 내 무릎 위에 앉아 있는 두 아이가 보였다. 내 마음에는 갑자기 큰 파문이 일어났다. 내 무릎에 앉아 있던 아이 둘은 다름 아닌 나의 두 아들이었던 것이다.

나는 선교지의 아이들로 둘러싸여 있었지만, 정작 내 두 무릎에는 나의 아들들을 앉히고, 내 팔로 그들을 안고 있었다. 그 사진을 보면서 나는 나 자신에게 물었다. '나는 하나님의 사랑을 전하러 그곳에 갔다. 그런데 왜 나는 나의 두 무릎 중에서 단 하나도 그 선교지의 아들들에게 내주지 못한 것일까? 하나님은 나를 위해 단 하나뿐인 아들을 기꺼이 내주지 않으셨던가?'

나는 전도여행이랍시고 그곳을 다녀온 나 자신이 너무나 부끄러웠다. 오해가 없길 바란다. 전도여행을 통해 우리는 하나님의 놀라운 공급하심과 인도하심을 경험했다. 많은 사람을 모아서 하나님의 사랑을 선포하고, 가난한 사람들과 아픈 사람들을 찾아가 쓸 것을 나누고 돌보며 섬겼다. 그러나 한국에 돌아온 나는 묻고 있었다. 나의 마음엔 진정한 사랑이, 나 중심적인 인간의 사랑을 넘어선 하나님의 사랑이 흐르고 있었던 것일까? 부끄러웠다. 나는 사역에 실패하고 자기 자신에게 실망했던 베드로의 심정을 느낄 수 있었다.

나는 그때 실패한 베드로에게 했던 질문을 주님이 나에게도 하고 계신 것을 알았다. "네가 나를 사랑하느냐?" 나는 주님께 대답했다. "그렇습니다, 주님. 옛날에 베드로가 그랬던 것처럼 저도 주님을 사랑하는 것을 주님께서 아십니다." 베드로를 두 번째 불러 주신 주님은, 실패한 나에게도 또다시 하나님의 진정한 사랑을 알아 갈 기회를 주셨다.

이 책에서 다룬 질문들은 바로 우리를 향한 하나님의 초대다. 더 깊은 진리로의, 더 깊은 사랑으로의, 그분과의 더 깊은 교제로의 초대다.

"네가 어디 있느냐?"
"네 형제는 어디 있느냐?"
"너는 어디서 와서 어디로 가느냐?"
"네 손에 든 것이 무엇이냐?"
"네가 무엇을 보느냐?"
"너는 나를 누구라고 하느냐?"
"네가 나를 사랑하느냐?"

형제들이여, 이 질문들이 여러분의 삶을 떠나지 않기를 바란다. 또 이 질문들이 여러분을 인도해 주고 지켜 주기를 바란다. 여러분의 삶이 이 질문에 대한 아름다운 대답이 되기를 기도한다.

2012년 8월
미국 펜실베이니아 주 덴버에서

주

1. 헨리 나우웬, 《상처 입은 치유자》(서울: 두란노, 2011).

2. 조지 바워, 《하나님을 향한 갈망》(서울: 태광출판사, 1986).

3. http://en.wikipedia.org/wiki/Hagar, "Rabbinical commentary" 참고. 2012년 9월 25일 접속

4. 이 유명한 불교 가사는 여러 승려들에 의해 인용되어서 정확한 출처를 알 수 없으나, 보통 고려 말의 승려였던 나옹화상의 누님이 지었다고 알려져 있다.

5. 논어(論語) 위정(爲政)편 제4장의 한 부분이다.

6. http://www.goodreads.com/author/quotes/838305.Mother_Teresa, "Mother Teresa Quotes" 세 번째 인용구 참고. 2012년 9월 25일 접속.

7. http://www.kabbala-info.net/deutsch/hermannhesse.htm#6, "gebet" 참고. 저자가 번역한 것이다.

8. Ferris Jabr, "How Does a Caterpillar Turn into a Butterfly?", Scientific American (August 2012), http://www.scientificamerican.com/article.cfm?id=caterpillar-butterfly-metamorphosis-explainer 참고.

9. 편집자 주: 김동수 시인의 이 시는 저자가 35년여 전에 어느 신앙지에서 보고서 그대로 적어둔 것이라 정확한 출처나 시인에 대한 정보를 넣지 못했습니다. 정확한 출처를 아시는 분은 연락 주세요.

하나님의 일곱 가지 질문

지은이   최형섭

2012년 12월 5일 1판 1쇄 펴냄
2013년 1월 17일 1판 2쇄 펴냄

펴낸이   이창기
펴낸곳   도서출판 예수전도단
출판 등록   1989년 2월 24일(제2-761호)
주소   경기도 고양시 일산동구 백석2동 1329 성지 밀레니엄리젠시 301호
전화   031-901-9812 · **팩스** 031-901-9851
전자우편   publ@ywam.co.kr
홈페이지   www.ywam.kr
주문   전화 031-908-9987 · 팩스 031-908-9986

ISBN 978-89-5536-415-6

책값은 뒤표지에 있습니다.
잘못된 책은 바꾸어 드립니다.